中国国情调研丛书·村庄卷
China's National Conditions Survey Series · Vol. Villages

主 编 蔡 昉
　　　张晓山

化山村调查报告

Investigation Report on Huashan Village

崔 云　李 钢
李妙华　王罗汉　著

中国社会科学出版社

图书在版编目(CIP)数据

化山村调查报告／崔云等著.—北京：中国社会科学出版社，2019.9

（中国国情调研丛书·村庄卷）

ISBN 978-7-5203-3252-1

Ⅰ.①化… Ⅱ.①崔… Ⅲ.①农村调查—调查报告—西峡县 Ⅳ.①D668

中国版本图书馆 CIP 数据核字（2018）第 225506 号

出 版 人	赵剑英	
责任编辑	任　明	
责任校对	张依婧	
责任印制	李寡寡	

出　　版　中国社会科学出版社
社　　址　北京鼓楼西大街甲 158 号
邮　　编　100720
网　　址　http://www.csspw.cn
发 行 部　010-84083685
门 市 部　010-84029450
经　　销　新华书店及其他书店

印刷装订　北京君升印刷有限公司
版　　次　2019 年 9 月第 1 版
印　　次　2019 年 9 月第 1 次印刷
开　　本　710×1000　1/16
印　　张　13.75
插　　页　2
字　　数　180 千字
定　　价　78.00 元

凡购买中国社会科学出版社图书，如有质量问题请与本社营销中心联系调换
电话：010-84083683
版权所有　侵权必究

总 序

为了贯彻党中央的指示，充分发挥中国社会科学院思想库和智囊团作用，进一步推进理论创新，提高哲学社会科学研究水平，2006年中国社会科学院开始实施"国情调研"项目。

改革开放以来，尤其是经历了40年的改革开放进程，我国已经进入了一个新的历史时期，我国的国情发生了很大变化。从经济国情角度看，伴随着市场化改革的深入和工业化进程的推进，我国经济实现了连续40年高速增长。我国已经具有庞大的经济总量，整体经济实力显著增强，到2006年，我国国内生产总值达到209407亿元人民币，约合2.67万亿美元，列世界第四位；我国经济结构也得到优化，产业结构不断升级，第一产业产值的比重从1978年的27.9%下降到2006年的11.8%，第三产业产值的比重从1978年的24.2%上升到2006年的39.5%；2006年，我国实际利用外资为630.21亿美元，列世界第四位，进出口总额达1.76万亿美元，列世界第三位；我国人民生活不断改善，城市化水平不断提升。2006年，我国城镇居民家庭人均可支配收入从1978年的343.4元人民币上升到11759元人民币，恩格尔系数从57.5%下降到35.8%，农村居民家庭人均纯收入从133.6元人民币上升到3587

元人民币，恩格尔系数从67.7%下降到43%，人口城市化率从1978年的17.92%上升到2006年的43.9%以上。经济的高速发展，必然引起国情的变化。我们的研究表明，我国已经逐渐从一个农业经济大国转变为一个工业经济大国。但是，这只是从总体上对我国经济国情的分析判断，还缺少对我国经济国情变化分析的微观基础。这需要对我国基层单位进行详细的分析研究。实际上，深入基层进行调查研究，坚持理论与实际相结合，由此制定和执行正确的路线方针政策，是我们党领导革命、建设与改革的基本经验和基本工作方法。进行国情调研，也必须深入基层，只有深入基层，才能真正了解我国国情。

为此，中国社会科学院经济学部组织了针对我国企业、乡镇和村庄三类基层单位的国情调研活动。据国家统计局的最近一次普查，到2005年底，我国有国有农场0.19万家，国有以及规模以上非国有工业企业27.18万家，建筑业企业5.88万家；乡政府1.66万个，镇政府1.89万个，村民委员会64.01万个。这些基层单位是我国社会经济的细胞，是我国经济运行和社会进步的基础。要真正了解我国国情，必须对这些基层单位的构成要素、体制结构、运行机制以及生存发展状况进行深入的调查研究。

在国情调研的具体组织方面，中国社会科学院经济学部组织的调研由我牵头，第一期安排了三个大的长期的调研项目，分别是"中国企业调研""中国乡镇调研""中国村庄调研"。"中国乡镇调研"由刘树成同志和吴太昌同志具体负责，"中国村庄调研"由张晓山同志和蔡昉同志具体负责，"中国企业调研"由我和黄群慧同志具体负责。第一期项目时间为三年（2006—2008年），每个项目至少选择30个调研对象。经过一年多的调查研究，这些调研活动已经取得了初步成果，分别形成了《中国国情调研丛书·企业卷》《中国国情调研丛书·乡镇卷》《中国国情调研丛书·村庄卷》。今后这三个国情调研项目的调研成果，还会陆续收录到这三部书中。

我们期望，通过《中国国情调研丛书·企业卷》《中国国情调研丛书·乡镇卷》《中国国情调研丛书·村庄卷》这三部书，能够在一定程度上反映和描述在21世纪初期工业化、市场化、国际化和信息化的背景下，我国企业、乡镇和村庄的发展变化。

国情调研是一个需要不断进行的过程，今后我们还会在第一期国情调研项目的基础上将这三个国情调研项目滚动开展下去，全面持续地反映我国基层单位的发展变化，为国家的科学决策服务，为提高科研水平服务，为社会科学理论创新服务。《中国国情调研丛书·企业卷》《中国国情调研丛书·乡镇卷》《中国国情调研丛书·村庄卷》这三部书也会在此基础上不断丰富和完善。

陈佳贵

2007年9月

编 者 的 话

2006年中国社会科学院开始启动和实施"国情调研"项目。中国社会科学院经济学部组织的调研第一期安排了三个大的长期调研项目，分别是"中国企业调研""中国乡镇调研""中国村庄调研"。第一期项目时间为三年（2006—2008年），每个项目至少选择30个调研对象。

经济学部国情调研的村庄调研工作由农村发展研究所（以下简称"农发所"）和人口与劳动经济研究所牵头，负责组织协调和从事一些基础性工作。农发所张晓山同志和人口与劳动经济研究所的蔡昉同志总体负责，工作小组设在农发所科研处，项目资金由农发所财务统一管理。第一期项目（2006—2008年）共选择30个村庄作为调研对象。2010年，在第一期国情调研村庄项目的基础上，中国社会科学院经济学部又组织开展了第二期国情调研村庄项目。第二期项目时间仍为三年（2010—2012年），仍选择30个村庄作为调研对象。

农发所、人口与劳动经济研究所以及中国社会科学院其他所的科研人员过去做了很多村庄调查，但是像这次这样在一个统一的框架下，大规模、多点、多时期的调查还是很少见的。此次村庄调查的目的是以我国东中西部不同类型、社会经济发展各异的村庄为调查对象,对每个调查的村庄撰写一部独立的书稿。通过问卷调查、深度访谈、查阅村情历史资料等田野式调查方法,详尽反映村庄的农业生产、农村经济运行和农民生活的基本状况及其变化趋势、农村生产要素的配置效率及其变化、乡村治理的现状与变化趋势、农村剩余劳动力转移的现状与趋势、农村社会发展状况等问题。调研成果一方面旨在为更加深入地进行中国农村研究积累村情案例资料和数据库;另一方面旨在真实准确地反映40年来中国农村经济变迁的深刻变化及存在问题,为国家制定科学的农村发展战略决策提供更有效的服务。

为了圆满地完成调查,达到系统翔实地掌握农村基层经济社会数据的预定目标,工作小组做了大量的工作,包括项目选择、时间安排、问卷设计和调整、经费管理等各个方面。调查内容包括"规定动作"和"自选动作"两部分,前者指各个课题组必须进行的基础性调查,这是今后进行比较研究和共享数据资源的基础;后者指各个课题组从自身研究兴趣偏好出发,在基础性调查之外进行的村庄专题研究。

使用统一的问卷,完成对一定数量农户和对调查村的问卷调查是基础性调查的主要内容,也是确保村庄调查在统一框架下开展、实现系统收集农村基本经济社会信息的主要途径。作为前期准备工作中最重要的组成部分之一,问卷设计的质量直接影响到后期分析和项目整体目标的实现。为此,2006年8月初,农发所组织所里各方面专家设计出调查问卷的初稿,包括村问卷、农户问卷等。其中,村问卷是针对调查村情况的详细调查,涉及村基本特征、土地情况、经济活动情况、社区基础设施与社会服务供给情况等十三大类近500个指标;农户问卷是对抽样农户详细情况的调查,涉及农户人口与就业信息、农户财产拥有与生活质量状况、教育、医疗及社会保障状况等九大类,也有近500个指标。按照计划,抽样方法是村总户数在500户以上的抽取45户，500户以下的抽取30户。抽样方法是首先将全村农户按经济收入水平好、中、差分为三等，其次在三组间平均分配抽取农户的数量，各组内随机抽取。问卷设计过程中，既考虑到与第二次农业普查数据对比的需要，又吸取了所内科研人员和其他兄弟所科研人员多年来的村庄调查经验，并紧密结合当前新农村建设中显露出来的热点问题和重点问题。问卷初稿设计出来之后，农发所和人口与劳动经济研究所的科研人员共同讨论修改，此后又就其中的每个细节与各课题组进行了集体或单独的讨论，历时半年，经过四五次较大修改之后，才定稿印刷，作为第一期村庄调研项目统一的农户基础问卷。

在第二期村庄调研项目启动之前，根据第一期调研中反映的问题，工作小组对村问卷和农户问卷进行了修订，以便更好地适应实际调研工作的需要。今后，随着农村社会经济形势的发展，本着"大稳定、小调整"的原则，还将对问卷内容继续进行修订和完善。

在项目资金方面，由于实行统一的财务管理，农发所财务工作的负担相对提高，同时也增加了管理的难度，工作小组也就此做了许多协调工作，保障了各分课题的顺利开展。

到2010年7月为止，第一期30个村庄调研已经结项23个；每个村庄调研形成一本独立的书稿，现已经完成11部书稿，正在付梓的有5部。第一期村庄调查形成的数据库已经收入22个村1042户的基础数据。

国情调研村庄调查形成的数据库是各子课题组成员共同努力的成果。对数据库的使用，我们有以下规定：（1）数据库知识产权归集体所有。各子课题组及其成员，服务于子课题研究需要，可共享使用数据资料，并须在相关成果关于数据来源的说明中，统一注明"中国社会科学院国情调研村庄调查项目数据库"。（2）为保护被调查人的权益，对数据库所有资料的使用应仅限于学术研究，不得用于商业及其他用途，也不得以任何形式传播、泄露受访者的信息和隐私。(3) 为保护课题组成员的集体知识产权和劳动成果,未经国情调研村庄调查项目总负责人的同意和授权,任何人不得私自将数据库向课题组以外人员传播和应用。

国情调研是中国社会科学院开展的一项重大战略任务。其中村庄调研是国情调研的重要组成部分。在开展调研四年之后,我们回顾这项工作,感到对所选定村的入户调查如只进行一年,其重要性还体现得不够充分。如果在村调研经费中能拨出一部分专项经费用于跟踪调查,由参与调研的人员在调研过程中在当地物色相对稳定、素质较高、较认真负责的兼职调查员,在对这些人进行培训之后,请这些人在此后的年份按照村问卷和农户问卷对调查村和原有的被调查的农户开展跟踪调查,完成问卷的填写。坚持数年之后,这个数据库将更具价值。

在进行村调研的过程中,也可以考虑物色一些有代表性的村庄,与之建立长远的合作关系,使它们成为中国社会科学院的村级调研基地。

衷心希望读者对村庄调研工作提出宝贵意见,也希望参与过村庄调研的同志能与大家分享其宝贵经验,提出改进工作的建议。让我们共同努力,把这项工作做得更好。

编者

2010 年 7 月 28 日

目 录

第一章 导论 …………………………………………………… (1)
    一 国情调研项目的意义 ………………………………… (1)
    二 调查思路 ……………………………………………… (2)
    三 内容结构 ……………………………………………… (5)
第二章 村情概况 ……………………………………………… (9)
  第一节 西峡县概况 ……………………………………… (9)
    一 地理交通与行政区划 ………………………………… (9)
    二 自然资源丰富 ………………………………………… (10)
    三 经济快速发展，结构不断优化 ……………………… (11)
  第二节 双龙镇概况 ……………………………………… (13)
    一 地理交通与行政区划 ………………………………… (13)
    二 自然资源丰富 ………………………………………… (13)
    三 经济社会发展概况 …………………………………… (14)
    四 所获荣誉 ……………………………………………… (17)
  第三节 化山村概况 ……………………………………… (17)
    一 地理位置与交通 ……………………………………… (17)
    二 土地与农业 …………………………………………… (18)

三　人口与就业 …………………………………………… (18)
　　四　公共基础设施与社会服务供给 ……………………… (18)
　　五　化山村以旅游服务业为主导，带动经济社会
　　　　全面发展 ………………………………………………… (20)

第三章　人口与就业 ………………………………………………… (22)
　第一节　化山村人口 …………………………………………… (22)
　　一　户人口数构成 …………………………………………… (22)
　　二　年龄与性别构成 ………………………………………… (24)
　　三　人口的受教育程度 ……………………………………… (26)
　　四　民族姓氏 ………………………………………………… (29)
　第二节　化山村就业 …………………………………………… (30)
　　一　就业的总体情况 ………………………………………… (31)
　　二　就业的结构分析 ………………………………………… (32)
　第三节　化山村的可持续发展道路 …………………………… (36)

第四章　农民财产拥有与生活质量状况 …………………………… (40)
　第一节　农户的房屋与居住情况 ……………………………… (40)
　　一　房屋数量 ………………………………………………… (40)
　　二　房屋面积 ………………………………………………… (41)
　　三　房屋价值 ………………………………………………… (43)
　　四　宅基地 …………………………………………………… (46)
　　五　房屋修建时间与房屋结构 ……………………………… (50)
　第二节　农户的生活质量状况 ………………………………… (53)
　　一　耐用消费品拥有情况 …………………………………… (53)
　　二　饮用水和炊事能源情况 ………………………………… (56)
　　三　文化生活情况 …………………………………………… (59)

第五章　教育、医疗及社会保障状况 ……………………………… (60)
　第一节　子女教育状况 ………………………………………… (60)
　　一　子女上学费用来源及辍学情况 ………………………… (60)

二　在校生的人数与构成 …………………………………… (61)
　　三　师资情况 ………………………………………………… (62)
　第二节　医疗状况 ………………………………………………… (63)
　　一　我国农村医疗史上的一大发展 ………………………… (63)
　　二　医疗卫生的一般情况 …………………………………… (64)
　　三　近五年大病住院情况 …………………………………… (68)
　第三节　社会保障情况 …………………………………………… (71)
　　一　养老保险和"新农保" ………………………………… (71)
　　二　社会救助情况 …………………………………………… (73)

第六章　农户收支情况 ………………………………………………… (74)
　第一节　全年总收入 ……………………………………………… (74)
　第二节　全年总支出 ……………………………………………… (78)
　　一　总支出构成 ……………………………………………… (78)
　　二　家庭生产经营费用支出 ………………………………… (80)
　　三　生活消费总支出 ………………………………………… (82)
　　四　生活用能源消费支出 …………………………………… (89)

第七章　生产性固定资产拥有与折旧情况 ………………………… (92)
　第一节　化山村生产性固定资产的基本情况 …………………… (93)
　第二节　生产性固定资产与经济发展 …………………………… (97)

第八章　化山村金融状况 …………………………………………… (99)
　第一节　化山村农户负债状况 …………………………………… (99)
　　一　化山村农户负债数额和借款来源基本情况 …………… (99)
　　二　负债农户与受教育程度、经营类型和收入水平 ……… (101)
　　三　负债农户借债目的以农家宾馆家庭经营为主 ………… (103)
　第二节　化山村农户存款与借出状况 …………………………… (105)
　　一　化山村农户存款数额与借出数额基本情况 …………… (105)
　　二　债权农户与户主受教育程度、经营类型和收入
　　　　水平 ……………………………………………………… (107)

第三节　化山村农户与正规金融机构和民间金融组织……（110）
　　一　化山村农户在正规金融机构存款情况……………（110）
　　二　化山村农户在正规金融机构贷款情况……………（112）
　　三　化山村农户存贷款比较分析………………………（113）
　　四　化山村贷款农户信用状况…………………………（114）
　　五　2009—2010 年化山村农户与民间金融组织
　　　　（包括高利贷）………………………………………（115）

第九章　土地承包经营与宅基地……………………………（117）
　第一节　化山村土地整体使用情况……………………………（117）
　　一　实际经营耕地情况…………………………………（118）
　　二　土地的使用类型……………………………………（119）
　　三　多样化的农业经营模式……………………………（120）
　第二节　化山村土地承包经营…………………………………（121）
　　一　承包期土地调整情况………………………………（122）
　　二　村集体承包地分析…………………………………（123）
　　三　农村施行土地家庭承包经营的必要性分析………（125）
　第三节　化山村的宅基地使用…………………………………（126）
　　一　有关农村宅基地的制度法规………………………（127）
　　二　化山村宅基地现状分析……………………………（128）
　　三　农村宅基地使用权流转问题分析…………………（133）

第十章　农业生产经营情况…………………………………（136）
　　一　化山村农作物种植品种、播种面积与产量………（136）
　　二　化山村农户农业设施拥有情况与农业技术
　　　　应用情况………………………………………………（143）
　　三　化山村农户畜禽养殖情况…………………………（145）
　　四　化山村农户粮食消费、库存与销售情况…………（147）
　　五　化山村农户农业种植投入产出情况………………（151）

第十一章　参加政治活动和社会活动情况…………………（158）
　　一　化山村政治状况……………………………………（158）

二　村委会选举情况……………………………………（160）

　　三　化山村村民参与农民经济组织与社会团体情况……（163）

第十二章　化山村发展之路：以旅游服务业为主导，
　　　　　带动经济社会全面发展………………………………（170）

　　一　从实际出发，立足村情，利用交通便利、旅游
　　　　资源丰富这一优势发展旅游服务业……………………（171）

　　二　政府引导，市场运作，解决景区开发所需资金
　　　　等问题………………………………………………（173）

　　三　将旅游开发与提高村民收入水平相结合，发展
　　　　以农家宾馆为主的旅游服务业…………………………（174）

　　四　完善农家宾馆服务功能，形成农家宾馆品牌
　　　　效应…………………………………………………（176）

　　五　积极促进旅游产业三结合，拉长产业链条，
　　　　优化产业结构，提高村民收入水平……………………（177）

　　六　旅游业带动化山村经济社会全面发展………………（178）

第十三章　结语………………………………………………（181）

附录一　中国社会科学院国情调研项目：村庄调查
　　　　行政村调查表………………………………………（184）

附录二　中国社会科学院国情调研项目：村庄调查
　　　　行政村入户调查表……………………………………（193）

致谢……………………………………………………………（205）

第一章

导　　论

一　国情调研项目的意义

哲学社会科学要取得创造性研究成果，就必须从实际出发，坚持实践的观点，在实践中认识真理、检验真理、发展真理。诸多哲学社会科学经典著作都是从实际出发，运用大量统计数字和田野调查材料，既解决了实际问题，又做出了重大理论创新。中国哲学社会科学要取得独创性研究成果，就必须从中国实际出发，针对中国发展中面临的重大理论和实践问题，提出解决问题的正确思路和有效办法，发展创新中国哲学社会科学。

从中国实际出发，就必须了解中国实际，了解中国国情。要了解中国国情，就必须走出书斋，走向基层，进行调查研究。只有走向基层，了解中国国情，从实际出发，用理论指导实践，在实践中创新发展理论，才能使理论在理论和实践的良性互动中保持鲜活持久的生命力。鉴于此，2006年，中国社科院全面启动了国情调研项目，将国情调研与科研工作相结合、国情调研与人才培养队伍建设相结合，确立了涵盖企业、乡镇、村庄等不同层次不同层面的各个社会学科内容的各类调研项目，撰写了一系列的调查研究报告，发挥了作为党中央、国务院思想库、智囊团的重要作用。

开展国情调研是中国社科院一项制度创新，是社科院深入了解社会主义初级阶段基本国情，大力弘扬理论联系实际的马克思主义优良学风，促进科研工作和人才工作、全面提升理论创新能力的重大举措。

当前中国的一大国情就是农村发展比较落后，占据人口很大比重的农民收入水平普遍较低。进行村庄调研，深入了解农村发展状况，提出解决农村落后和农民收入较低问题的思路和有效办法，具有十分重要的理论和实践意义。基于此，我们选择了村庄调研，对河南省南阳市西峡县双龙镇化山村进行全面深入的调研，以期通过对这一典型村庄的调研，总结农村发展经验，为解决农村贫困问题提供一点思路，为中国农村发展贡献绵薄之力。

二 调查思路

首先课题组根据国情调研项目村庄调查子项目统一制定的《行政村入户调查表》（见附录二）和《行政村调查表》（见附录一）对相关问题统一认识，研究调研思路，测算实地调研所需时间，然后同调研目的地相关部门联系具体调研事宜。2011年7月正式启动调研相关事宜，调研组负责人于2011年11月先行奔赴调研目的地考察并按照课题组调研思路与当地相关部门商定安排调研具体事宜。2011年12月课题组全体成员奔赴西峡县双龙镇化山村入户调研，调研资料基本以2010年底为限。具体调研思路如下：通过全面调查和抽样调查了解化山村全面的经济社会发展状况；抽样调查农户的人口与就业、农户财产拥有与生活状况、教育、医疗与社会保障、农民收支情况、生产型固定资产拥有与折旧情况、农户的金融状况、土地承包经营情况、农业生产经营情况、参加政治活动和社会活动情况及其他。然后在整理调研数据资料的基础上结合相关理论与政策分析化山村经济社会发展状况，提出相关的对策建议。最后总结化山村经济社会发展的经验，得出结论，并指出发展中存在的问题。

本次调查，课题组采取全面调查和抽样调查相结合的方式。在当地政府和化山村村委会的大力协助下，课题组通过全面调查，收集整理了化山村全村的花名册，向村委会了解化山村经济社会发展的历史、现状及对未来的设想；通过抽样调查，对36户（抽取39户，有效样本为36户）入户调查，了解人口与就业、农户财产拥有与生活状况、教育、医疗与社会保障、农民收支情况、生产型固定资产拥有与折旧情况、农户的金融状况、土地承包经营情况、农业生产经营情况、参加政治活动和社会活动情况。

抽样入户调查，是在化山村村委会大力协助下，根据农户家庭的收入水平，分为高、中、低三类进行。这种方式有助于全面真实地了解化山村不同收入水平农户的实际情况。

36户抽样农户主要特征见表1-1。由表1-1可知，高收入农户为9户，占调查样本的25%；中等收入农户为18户，占调查样本的50%；低收入农户为9户，占调查样本的25%。实际抽取样本的36户的收入水平分布情况符合化山村全村农户收入水平的实际分布情况。因此，抽样调查数据是具有代表性的。

表1-1　　　　　化山村抽样农户主要特征

户编号	本村居住时间	家庭人数	常住人数	户籍人数	住户经营类型	收入分组
HS-001	5年以上	4	4	4	农业兼业户	高收入
HS-002	5年以上	4	4	4	农业兼业户	中等收入
HS-003	5年以上	3	3	3	农业兼业户	中等收入
HS-004	5年以上	4	4	4	农业兼业户	中等收入
HS-005	5年以上	4	4	4	农业兼业户	高收入
HS-006	5年以上	2	2	2	农业户	低收入
HS-007	5年以上	4	4	4	农业兼业户	高收入
HS-008	5年以上	7	7	7	农业户	低收入
HS-009	5年以上	4	4	4	农业兼业户	低收入

续表

户编号	本村居住时间	家庭人数	常住人数	户籍人数	住户经营类型	收入分组
HS-010	5年以上	5	5	5	农业兼业户	高收入
HS-011	5年以上	6	6	6	农业兼业户	中等收入
HS-012	5年以上	3	3	3	农业户	低收入
HS-013	5年以上	5	5	5	农业兼业户	中等收入
HS-014	5年以上	4	4	4	农业兼业户	高收入
HS-015	5年以上	3	3	3	农业兼业户	中等收入
HS-016	5年以上	4	4	4	农业兼业户	中等收入
HS-017	5年以上	2	2	2	农业兼业户	高收入
HS-018	5年以上	4	4	4	农业兼业户	中等收入
HS-019	5年以上	6	6	6	农业兼业户	中等收入
HS-020	5年以上	3	3	3	农业兼业户	高收入
HS-021	5年以上	4	4	4	农业兼业户	中等收入
HS-022	5年以上	4	4	4	农业兼业户	中等收入
HS-023	5年以上	7	7	7	农业兼业户	高收入
HS-024	5年以上	5	5	5	农业兼业户	中等收入
HS-025	5年以上	2	2	2	农业兼业户	低收入
HS-026	5年以上	4	4	4	农业兼业户	中等收入
HS-027	5年以上	5	5	5	农业兼业户	中等收入
HS-028	5年以上	6	6	6	农业兼业户	中等收入
HS-029	5年以上	6	6	6	农业户	低收入
HS-030	5年以上	6	6	6	农业户	低收入
HS-031	5年以上	3	3	4	农业兼业户	中等收入
HS-032	5年以上	7	7	7	农业兼业户	中等收入
HS-033	5年以上	4	4	4	农业兼业户	高收入
HS-034	5年以上	4	4	4	农业兼业户	低收入
HS-035	5年以上	6	6	6	农业兼业户	低收入
HS-036	5年以上	3	3	3	农业兼业户	中等收入

资料来源：根据调研统计数据整理。（说明：由于四舍五入的原因，文中、表中的数字可能存在一些差异，敬请谅解。）

图1-1 课题组调查人员与化山村党支部书记兼村主任符合顺（右三）

此外，为全面了解化山村的情况，课题组还走访了化山村所在的西峡县和双龙镇，同县镇政府领导等有关人员进行了访谈，听取了他们对于西峡县、双龙镇和化山村的相关介绍。在入户调研时，课题组不仅仅限于对《行政村入户调查表》相关内容进行调查，还向农户了解其他情况。课题组还对化山村卫生所、化山村小学和化山村开设超市的农户进行了调研，以进一步充实本次调研内容。

三 内容结构

本报告共分13章，主要内容如下：

第一章为导论。该章主要介绍了项目的意义、调查思路和内容结构。

第二章为村情概况。该章主要介绍了化山村所在西峡县的经济社会发展状况和所在镇双龙镇的经济社会发展状况，以及化山村的经济社会发展状况，指出化山村以旅游服务业为主导，带动经济社会全面发展。

第三章为人口与就业。该章主要通过整理和分析原始调研统计数据，分析化山村人口与就业状况，人口方面包括户人口构成、年龄与性别构成、人口的受教育程度、民族姓氏，就业方面包括就业的总体情况、就业的结构。从就业结构看，化山村村民就业以住宿、餐饮、批发零售等第三产业为主。本章总结指出，发展旅游业是化山村的可持续发展道路。

第四章为农民财产拥有与生活质量状况。该章在整理原始调研统计数据基础上分析了化山村农户的房屋与居住情况、耐用消费品拥有情况、饮用水情况、炊事用主要能源及其他生活设施和文化生活情况，以此了解当地农户的生活水平和生活质量。从调查数据看，化山村村民财产拥有与生活质量状况均与以农家宾馆为主的旅游服务业密切相关。

第五章为教育、医疗及社会保障状况。该章主要利用原始调研统计数据分析当地农民的家庭子女教育情况、医疗卫生情况和社会保障与社会救助情况。教育、医疗与社会保障是全面建设小康社会的重要内容，了解化山村这些方面的状况，对于了解我国农村教育、医疗与社会保障的实际情况具有重要的现实意义。

第六章为农户收支情况。该章在整理原始调研统计数据基础上分析了化山村农户的收入和支出情况。全年总收入包括家庭经营收入、工资性收入、财产性收入以及转移性收入；支出包括家庭生产经营费用支出、生活消费支出、生活用能源消费支出及其他支出。农民的收支情况直接反映农民的收入水平状况。在收入上和支出上，化山村农户收入主要来源与支出主要用途均为家庭经营的旅游服务业。

第七章为生产性固定资产拥有与折旧情况。该章主要利用原始调研统计数据分析农户生产性固定资产如汽车、大中型拖拉机、小型拖拉机、农用运输车、机动三轮车、非机动三轮车、手推车、胶轮大车、工业机械、农产品加工机械、建筑业机械、商业、饮食业机械设备、井/机井、联合收割机、机动脱粒机、播种机、排灌动力机械、节水灌溉机械等情况。了解这些方面，有助于了解农户的生产经营水平。

第八章为化山村金融状况。该章在整理原始调研统计数据基础上分析了化山村农户的负债、债权、借债目的以及2009—2010年期间农户与正规金融机构的信贷关系等情况，以进一步深入了解化山村农户的生产和生活，以及各类金融机构对农户的影响。从调研数据看，化山村农户负债主要原因是修建农家宾馆等家庭经营需要。此外，民间融资在化山村发挥着主导作用，村民从正规金融机构融资存在较大困难。

第九章为土地承包经营与宅基地。该章主要利用原始调研数据分析化山村农户承包和经营的土地面积、来源和去向、近五年承包地转变用途情况和承包地征用情况。土地是农民最主要的生产要素之一，分析农户承包土地的面积及其发展变动，有助于了解农民的农业生产状况和农业土地面积的变动状况。

第十章为农业生产经营情况。该章主要通过整理和分析原始调研统计数据，分析化山村农户农作物种植品种、种植面积与产量、农业技术应用情况、畜禽存栏品种与数量、粮食消费、库存与销售以及农业种植的投入与产出。分析表明，化山村农户粮食作物种植为玉米和小麦，经济作物主要为香菇和猕猴桃；农作物种植面积均较小，粮食作物产量不高，大部分农户口粮难以完全自给，需另行购买；香菇和猕猴桃经济效益较好，猕猴桃发展前景较好。

第十一章为参加政治活动和社会活动情况。该章主要分析了化山村的政治状况、村委会选举情况、农户参加农民经济组织和社会团体的情况，提出了农户参加农民经济组织的必要性，以及对国外农民经济组织的经验借鉴。

第十二章为化山村发展之路：以旅游服务业为主导，带动经济社会全面发展。化山村从实际出发，立足村情，利用交通便利、旅游资源丰富这一优势，引进企业投资，开发龙潭沟景区，并依托龙潭沟景区，发展以农家宾馆为主的旅游服务业，并将旅游产业与特色农业等结合，拉长产业链，优化产业结构，大大提高了村民的收入水平，同时村基础设施公共服务等也得到大力改善，带动了化山村经济社会全面发展。

第十三章为结语。化山村的发展给出了一条山区农村走向富裕文明的新思路，即立足村情，以旅游服务业第三产业为主导，在优化产业结构的同时带动经济社会全面发展。这是化山村的理论意义和实践意义所在。同时，指出了化山村发展中需要进一步研究和探讨的问题，例如，如何帮助少部分贫困村民脱贫致富；如何协调好外来社会大资本与村民小资金之间的利益关系，促进化山村持续健康发展；如何解决村民融资难的问题。

第二章

村情概况

本次国情调研之村庄调研选取了河南省南阳市西峡县双龙镇化山村为调研对象。化山村经济社会发展状况，与当地县镇经济社会发展状况密不可分。因此，在深入分析化山村经济社会发展状况之前，有必要简要交代一下西峡县与双龙镇的基本情况。

第一节 西峡县概况

一 地理交通与行政区划

西峡县位于河南西南部，伏牛山南麓。西峡地处豫鄂陕三省交会带，属北亚热带季风型大陆性气候，气候温和，雨量适中，光照充足。有林地面积达419万亩，占河南的1/10，南阳的1/3，森林覆盖率高达76.8%，西峡设有国家级自然保护区3个：伏牛山国家级自然保护区、寺山国家森林公园、恐龙蛋化石古物遗迹国家级自然保护区；省级自然保护区1个：大鲵自然保护区。保护区面积占全县国土总面积的22.2%。有各类动物213种，其中国家一级保护动物1种：金钱豹，二级4种：大鲵、红腹锦鸡、鸳鸯、香獐。

西峡县是豫鄂陕毗邻地区的交通枢纽。境内有3条国道：312

国道（上海至伊宁，境内长 90.6 公里）、311 国道（徐州至西峡，境内长 81.9 公里）、209 国道（呼和浩特至北海，境内长 37 公里）；3 条省道：331 省道、335 省道和 249 省道，干线公路总里程 312 公里。另有 5 条县道和 16 条乡道。宁西铁路（南京至西安）、沪陕高速（上海至西安）贯穿全县。规划建设的高速两条：郑州至西峡、三门峡至西峡。全县已基本实现乡乡通油路、村村通公路。

西峡县归辖南阳市，总面积 3454 平方公里，区域面积为河南省第二位。全县辖 3 个街道、12 个镇、4 个乡，299 个行政村、居委会，总人口 43 万人。

二 自然资源丰富

西峡自然资源主要有"林、药、矿、水、游"等特色资源。"林"：全县森林覆盖率高，被国家林业局命名为"中国名优特经济林——猕猴桃之乡"。主要珍稀植物银杏、七叶树（娑罗树）被称为植物活化石。"药"：西峡盛产天然中药材 279 科 1328 种，其中纳入药典目录的名贵中药材 150 多种，山茱萸产量占全国的 70%，获中国地理标志产品认证，是国家林业局命名的"中国名优特经济林——山茱萸之乡"。"矿"：西峡矿产资源丰富，已探明有开采价值的矿藏 5 类 38 种，开发前景广阔。"水"：境内有河流 562 条，中小型水库 66 座，年均水资源总量 12.9 亿立方米，人均水资源为全省人均的 6 倍。"游"：全国旅游资源共 8 个主类，西峡全有；31 个亚类，西峡有 28 类；155 个基本类型，西峡有 101 个。特别是 1993 年西峡发现了恐龙蛋化石群，分布之广，数量之多，保存之完好，种类之繁多，堪称世界之最，被称为"20 世纪震惊世界的科学发现""1993 年世界十大科技新闻"和"世界第九奇迹"，西峡因此又被誉为"恐龙之乡"。被誉为"长江黄河分水岭，八百里伏牛凌绝顶"的伏牛山主峰老界岭是中央造山系缝合带保存最完好的地质遗迹标本，被专家称为"中华脊梁"；是南北植物共生的多样性植物基因库；是休闲度假、避暑胜地，被誉为"天然氧吧"。龙潭沟山秀石奇，一瀑一潭，堪称中原一绝。

三 经济快速发展，结构不断优化

西峡经济独具特色，中药制药、汽车配件铸造、炼钢辅助材料、农副产品加工四大工业集群构成县域经济主导，林果、食用菌、中药材三大主导产业成为增加农民收入的重要基础，以旅游业为龙头的第三产业成为新的经济增长点，综合经济实力居南阳市前列，多项经济指标跃居河南省前列。

总的来说，西峡县经济快速发展，结构不断优化。2010年全年全县生产总值151.2亿元，比2009年增长15.9%。其中，第一产业增加值21.9亿元，增长4%；第二产业增加值99.1亿元，增长19.1%；第三产业增加值30.2亿元，增长12.8%。三次产业结构由2009年的15.8∶64.4∶19.8优化调整为14.5∶65.5∶20。第一产业比重比2009年下降了1.3个百分点，第二、三产业分别比2009年上升了1.1个和0.2个百分点，第二产业比重最大，达到65.5%。

（一）以中药制药、汽车配件铸造、炼钢辅助材料、农副产品加工四大工业集群的工业经济快速增长

2010年全县工业完成总产值326亿元、税利23.7亿元，分别增长19.4%、17.6%。其中，规模以上工业产值、税利分别达到263亿、21.8亿元，分别增长21%、18.9%。一是主导产业快速扩张。中药制药、钢铁及冶金辅料、汽车配件、农副产品加工四大产业分别实现产值7亿、200亿、19.3亿、8亿元。二是骨干企业快速发展。全县有5家企业进入"全省民营企业50强"、6家企业进入"南阳企业50强"，新增规模以上企业20家，新增产值超亿元企业6家。宛药、西保、龙成三大集团分别完成产值21.3亿、33亿、120亿元；西泵公司成功上市，成为全市第一家上市民营企

业。全年有7家企业通过国家行业质量体系认证，6个产品获得河南省名牌产品。三是项目建设快速推进。共实施重点工业项目25个，总投资109亿元，累计到位资金57.1亿元。其中13个项目已建成投产，8个项目正在购置安装设备，4个项目正在进行前期设施建设。四是产业集聚区快速壮大。共完成基础设施投资8亿元，新入园企业31家，新投产企业5家，被省政府授予"全省2010年度十强产业集聚区"，被确定为全省循环经济试点、全省新型工业化示范基地。丹水工业园已进入省专业园区笼子，新上项目8个；西坪工业园新上项目6个。五是节能减排快速落实。全年单位GDP能耗降低7.69%、主要污染物排放总量减少3.3%。

（二）以林果、食用菌、中药材为三大主导产业的农业经济稳步发展

一是基地规模趋大。2010年，新发展猕猴桃基地9060亩、中药材1.25万亩、香菇1.5亿袋、烟叶1.3万亩、规模养殖场23家。农业总产值达到35.9亿元。二是产品质量趋优。猕猴桃、香菇进入"国家农业标准化示范区"，香菇进入"全国首批重点推进出口食品农产品质量安全典型示范区"，在2010年中国特色农产品博览会上西峡香菇被评为"金奖"。三是销售出口趋旺。成功举办了中国·西峡第二届猕猴桃高层论坛暨产销见面会，猕猴桃产销对接良好；香菇出口6558吨，出口额1.32亿美元，占全市农产品出口总额的81.6%、全省的16.6%，成为全省农产品出口第一大县。四是生态建设趋强。完成造林绿化15.14万亩，治理水土流失面积302.16平方公里。荣获"全国可持续发展生态示范县"，第九次蝉联省"红旗渠精神杯"。

（三）以旅游业为龙头的第三产业不断增长

一是旅游规划取得新创意。聘请国内8家权威旅游策划机构，对"四区一中心"进行了整体策划。二是景区建设取得新突破。已完成投资1.6亿元，启动了恐龙遗迹园二期建设、老界岭深度开发

等7个景区建设工程。老君洞景区通过了省3A级景区创建验收。三是配套建设取得新进展。世纪方圆大酒店、老界岭桦树盘休闲度假区已完成主体工程建设，银树沟景区已完成了基础设施建设，双龙旅游购物中心已建成投入使用，新发展农家宾馆88家。四是农游一体取得新成效。双龙镇化山村、太平镇东坪村、丹水镇丹水村、田关乡孙沟村成功入选"河南省特色旅游名村"，并被列入全省"百村万户"旅游富民工程扶持项目村。五是品牌效应取得新提升。突出主流媒体、主体活动、主要旅行社"三主"推介，逐步打响了西峡旅游品牌；通过了联合国教科文组织对伏牛山世界地质公园的中期验收，举办了中国重阳文化节暨第六届伏牛山诗歌峰会，挖掘了重阳文化、屈原岗文化，被授予"中国重阳文化之乡"，成立了"中国重阳文化研究中心"。全年全县共接待游客296.3万人次，门票收入1.12亿元，综合收入11.23亿元，同比分别增长11.6%、16.5%、15.7%。年末共有星级饭店7个，名胜风景区和文物保护区6个。

此外，教育、科技、文化、卫生和体育稳步发展，人民生活水平进一步提高，社会保障力度进一步增强。

第二节 双龙镇概况

一 地理交通与行政区划

西峡县双龙镇位于豫西伏牛山腹地，处在卢氏、灵宝、栾川、嵩县等地南下的交通咽喉要道上，素有"西峡北大门"之称，镇政府所在地距西峡县城以北25公里，311国道和331省道交会集镇穿境而过，全镇辖22个行政村，159个村民小组，6955户，2.3万人，总面积293.67平方公里。

二 自然资源丰富

双龙镇气候温和，四季分明，物产丰富。镇内最高的西大沟村北大尖海拔1542米，山上有储量丰富的栓皮栎、松树、杉树等林业资源，森林覆盖率89%，活立木蓄积量达27万立方米；山下是以油桐、山茱萸、板栗、猕猴桃、食用菌、中药材为主120多个品种的果菌药园，其中油桐年产100万公斤，居全国乡级之首；地下已探明有开采价值的矿藏有石墨、黄金、红柱石等20余种，其中石墨总储量4亿吨，为亚洲四大矿床之一；水资源比较充沛，大小河流10余条，境内有被称为"中原一绝，河南仅有"的龙潭沟瀑布群、"中原第一漂"的灌河漂流和"北方小三峡"之称的石门湖，水能资源总量1.6万千瓦。这些不可多得的资源正在成为双龙经济发展的基础和重要依托。

三 经济社会发展概况

双龙镇依据镇情，突出特色发展，确立了建设"经济强镇、生态大镇、旅游名镇"的奋斗目标，全镇基本形成了民营工业、特色农业、旅游产业、商贸流通业四大经济支柱。

一是以龙成集团、南阳石墨材料厂为首的民营企业发展势头良好，对财政的贡献份额达75%，其中，龙成集团成为南阳民营股份制企业的排头兵，率先发展的支柱已经确立，开放型经济格局初步形成。

二是以龙潭沟、荷花洞、鹳河漂流、石门湖等六大景区为龙头的旅游产业膨胀势头强劲，农家宾馆、餐饮、住宿、副食、百货、交通运输、山珍和土特产品销售等配套服务行业发展势头旺盛，全镇可容纳一万多名游客同时在双龙观光、娱乐、休闲、度假，旅游产业对财政的贡献份额达20%，双龙镇吃得放心、住得安心、买得顺心、玩得开心的旅游业，在全市乃至全省叫响了"双龙"品牌，双龙镇占西峡旅游半壁河山的局面已经形成。

三是以小城镇、各村小集镇和双龙香菇市场为依托的商贸流通业快速发展。全镇从事服装、百货、五金、餐饮、旅馆、农家宾馆、香菇购销等行业的经营门店1000余户，从业人员超万人，其中集镇800多户，群众来自商贸流通业收入占全镇人均纯收入的20%。

四是以板栗、猕猴桃、山芋肉、香菇为主打品种的特色农业促使农民收入大幅度提高，占农民人均纯收入的50%。

双龙镇围绕建设"经济强镇、生态大镇、旅游名镇"奋斗目标，全面实施"工业立镇、旅游活镇、开放带动"三大战略。2010年取得了可喜的成就。

2010年，双龙镇经济快速发展，结构进一步优化。2010年全年全镇生产总值12.5亿元，比2009年增长22%。其中，第一产业为1.8亿元，增长10.7%；第二产业为9.5亿元，增长20.6%；第三产业为1.1亿元，增长12.7%。三次产业结构由2009年的15.7∶74.7∶9.6优化调整为14.7∶76.1∶9.1。第一产业比重比2009年下降了1个百分点，第二产业比2009年上升了1.4个百分点，第三产业比重比2009年下降了0.5个百分点。第二产业比重最大，达到76.1%。

（一）经济总量高速增长，经济实力明显增强

2010年，全镇生产总值完成12.5亿元，比2009年增长22%；地方财政收入完成1719万元，比2009年增长15%；农民人均收入达到6488元，继续实现高速增长；经济增长速度高于全县平均水平，全镇综合经济实力在全市乡镇排序中位居第6名。

（二）招商引资和项目建设硕果累累，工业经济长足发展

坚持"工业立镇、项目支撑、开放带动"发展战略，按照"抓大扶小、固强培弱"的工作思路，把工业经济作为全镇的"一号工程"来抓，全镇民营工业呈现出企业群体进一步壮大，产品结构进一步优化，产值效益平稳较快增长的良好态势。2010年，全镇新上、扩建、技改项目13个，总投资7.7亿元；其中，已建成项目8个，在建项目5个；招商引资项目12个，总投资6.2亿元，

合同引资 4.1 亿元。全年新入驻县产业聚集区项目 2 个，新增限额企业 1 家。庭院工业发展上，投资 200 余万元硬化园区道路 3.5 公里，新开通滨河路 2.5 公里，栽植绿化苗木 5000 余株，盘活园区建设用地近千亩、厂房 2000 余平方米；新上庭院工业 26 家，其中入驻后湖庭院工业园 16 家，使园区庭院工业总数达到 96 家，预计年产值可达 2.1 亿元。目前，全镇民营企业 52 家，其中规模以上企业 13 家，2010 年实现工业总产值 66.8 亿元。

（三）果、菌、药三大产业产、销两旺，特色农业结构进一步调优调强

按照"发展果、调优菌、壮大药"的发展思路，狠抓特色农业，激活发展主体，农民收入大幅度提升。猕猴桃生产上，对小集、伏岭、汪坟、寨岗四个村基地的杂乱品种实施市场热销的海沃德改良，提高产品市场竞争力；对土桥岗村 300 亩野生资源，实施了夏季割杂去蔓和冬季工程垦复，完成了野生资源改造；对"7.24"洪灾中受灾严重的小集村猕猴桃基地，及时清理淤沙、断秆、枯树、排水、喷药、保苗；小水、小集、东台子、汪坟等村挂果面积 500 亩，全部通过合作社实现鲜果销售。食用菌生产上，投入资金 260 万元在全镇建设 22 个村级香菇标准化示范基地和 57 个村民小组标准化基地，并着力高标准打造罐沟村和小集村香菇标准化种植示范基地，带动全镇袋料香菇生产总规模达 700 万袋，基本实现无公害生产，绿色产品达到总产量的 100%，有机产品占 85%。中药材生产上，投资 6 万多元发展柴胡、血参等本地适生药材面积达到 5000 亩，总面积达 5.3 万亩，稳步提高药材产量和药农经济效益。通过以上措施的实施，全镇特色农业收入占农民收入的比重达 50%以上。

（四）旅游产业发展势头强劲，综合竞争力明显增强

景区开发建设上，投资 2000 万元实施的龙潭沟二期工程已投入运营，投资 1200 万元建设的龙河漂流中码头已建成开放；投资

800万元的灌河漂流下码头工程也已建成并投入使用，提升了景区品位和档次。服务小区建设上，积极抓好化山、小集、小水、十亩地、寨岗、杨河等村旅游服务小区建设，农家宾馆总数达280家，接待能力、硬件设施、功能配套大大提高，增加了旅游内涵，使游客在满足吃、住、行的基础上，延长了游、购、娱的时间，全镇可同时容纳1万多人在双龙旅游观光、休闲度假。同时，西大沟、白果树、山涧沟、莎草沟等村以柿子、柴鸡、蔬菜等为主的旅游消费品输出基地建设取得初步成效，成为旅游产业的末梢神经，增加了农民收入。2010年，全镇吸引了75万游客到双龙旅游，景点门票收入2600万元，旅游业综合收入1.6亿元，"双龙"品牌在全市乃至全省进一步打响。

在社会发展上，双龙镇小城镇建设再上台阶，管理水平和文明程度明显提高，新农村和和谐社会建设稳步推进，教育、卫生、电业、银信、通信、武装、广播、电视、青年、妇联等工作，也取得了新成绩。

四　所获荣誉

近年来，双龙镇先后被评为"国家卫生镇"、"全国特色景观旅游名镇"、第三届"全国文明村镇"、"全省先进基层党组织"、"全市信访工作先进乡镇"、"全市平安建设工作先进乡镇"等。此外，双龙镇还是全国最大的香菇市场。

第三节　化山村概况

一　地理位置与交通

西峡县双龙镇化山村位于双龙镇东部，为山区地带，年降水800毫米。该村距西峡县城38公里，距镇政府所在地双龙镇为12公里，距最近的公交车站仅为1公里，311国道和331省道战备公路在该村交会，交通便利。

二 土地与农业

化山村全村耕地面积为544亩，其中旱地为436亩，水浇地为108亩，人均耕地只有半亩之多。由于人多地少，农户的农业种植规模普遍较小。据调研了解，全村只有4户耕地规模在5—8亩，其他均在5亩以下。化山村农业种植以粮食作物玉米、小麦与经济作物香菇、猕猴桃为主。其中，由于耕地多属旱地，传统粮食种植收益很低，农户口粮不能完全自给。香菇与猕猴桃经济效益比较好，种植农户有增大趋势。

此外，化山村林地与水域面积很大，林地面积高达96000亩，非养殖水域面积达3000亩。这一丰富的资源为化山村旅游业发展奠定了基础。

三 人口与就业

2010年，全村共有5个村民小组，现有226户800人。化山村绝大部分人口为世世代代土生土长的本地人。村民主要从事与旅游业相关的住宿、餐饮、批发零售、居民服务等第三产业，其次为玉米、小麦、香菇与猕猴桃农业种植业等第一产业，最后为工业建筑业第二产业。

四 公共基础设施与社会服务供给

化山村广泛利用村内外各界投资，积极建设村内路、水、电、通信、绿化、亮化、文化等公共基础配套设施，努力提高社会服务供给水平。

在道路交通方面，化山村进出村公路均为柏油路，路宽达到9米，全村主干路、村组路、入户路实现硬化，村里铺装道路5.6公里，可行车道路长达17公里，主要道路均装有路灯。

图 2-1　化山村村中道路

在生活设施与广播电视方面，全村电网和电话网全面覆盖，几乎全部住户用上了电和电话。全村实现了有线广播和有线电视的全面覆盖。彩色电视机拥有率达到近 100%。在饮用水方面，全村 85%住户使用自来水。化山村垃圾实施集中堆放和处理，该村率先在全县组建了 6 人村级环卫队，购置了垃圾清运车和保洁车，做到村内垃圾日产日清，特别对游客聚集区卫生全天 24 小时保洁，为村民和游客创造干净舒适的卫生环境。

在教育与医疗保健设施方面，村中建有一所幼儿园和一所小学，建有村标准化卫生室，并配有具有行医资格证的医生。

图 2-2　化山村标准化卫生所

在农田水利设施方面，由于化山村农地灌溉主要依靠地表水——河水，且水源一般都有保障，因此，灌溉所用机井与蓄水池并不多，共有6口机井和6座蓄水池。由于化山村地处山区，农田偏远分散，化山村水渠比较长，长达9000米。

此外，化山村还围村绿化、绕村亮化，建起了连锁超市、游客服务中心、文化活动广场、停车场、新农村书屋、景观式公厕、绿化游园、健身器材等公共基础设施。

五 化山村以旅游服务业为主导，带动经济社会全面发展

化山村，由于人多耕地少，加之耕地多属旱地，村民仅靠农田种植粮食作物难以富足甚至难以糊口。在这种情况下，化山村村干部带领群众另辟蹊径，依托以"中原第一瀑布群、天然奇石博物馆"著称的龙潭沟景区这一旅游资源优势，大力发展农家宾馆、特色餐饮、休闲度假等旅游服务产业，使之成为带动化山村经济发展的主导产业。

目前，化山旅游业已成为当前全村拉动力最强、潜力最大的支柱产业。现已建成"龙潭山庄""伏牛山庄""农家乐""龙河山庄"和"旅游度假村"五大旅游接待宾馆群，形成古典、田园、农家乐和西欧风情建筑风格各异的四大特色，共计184家宾馆，可容纳9000多人就餐、6000余人住宿，2010年全村接待游客53万人次，旅游接待收入600万元，户均近3万元，人均7000余元，农民人均纯收入7000余元，95%以上来自旅游产业。化山村旅游业的发展，带动经济社会全面发展。化山村先后被评为河南省精神文明创建工作先进村、省生态文明新村、省康居示范村、市农村基层党风廉政建设先进村、市新农村建设示范村。

在调研期间，化山村正在紧锣密鼓筹备上马北坡1300亩二期采摘园项目。十亩地村已初步完成专家规划、前期村容村貌整治、部分基础设施建设，待县现场办公会后将全面铺开采摘园、星级酒店和别墅群建设，按照建成县城"大后方、大花园"的定位全力推进。这一项目将进一步推动化山村旅游业发展，带动经济社会全面发展。

本报告第三章至第十一章，将对化山村经济社会发展状况进行更为深入详尽的介绍和分析。

第三章

人口与就业

根据调查，2010年底化山村人口数量为800人，村庄规模不大。其中，劳动力人口数为460人。化山村依靠当地旅游资源，发展旅游服务业。当地农民在旅游旺季经营农家宾馆，在旅游淡季从事农业或者外出打工。全村劳动力得到了较为充分的利用。

第一节 化山村人口

化山村户籍户数共计226户，人口规模相对较小。村民的人口特征可以从户人口构成、年龄与性别构成、受教育程度以及民族姓氏四大方面体现出来。

一 户人口数构成

根据统计，整个村226户，共800人，平均每户人口数为3.5人。而在该村被抽样的36户中，共计157人，平均每户人口数为4.4人。在该样本中，户人数为4人的家庭最多，户人数为2人或7人的家庭最少，见图3-1。

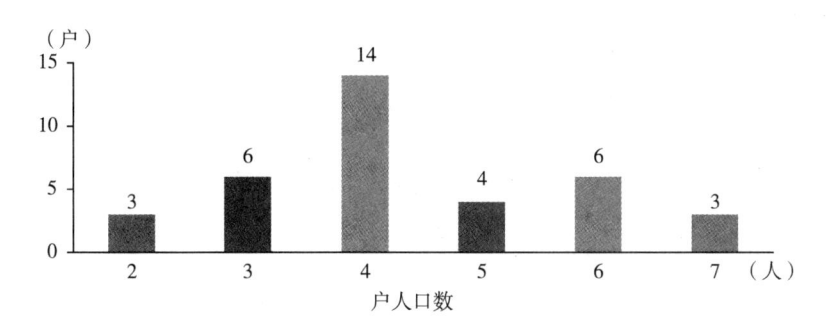

图 3-1　2010 年化山村调查样本户人口数构成

资料来源：根据调查统计数据计算整理。

从图 3-1 可知，在本次调查的样本中，户口人数居第二位的是三口之家或者六口之家，各有 6 户。化山村的家庭小型化，与我国城乡户人数逐渐小型化的趋势及规律相吻合，反映了我国计划生育政策的实施效果。

1957 年 7 月，马寅初在第一届全国人民代表大会上发表《新人口论》。1968 年，计划生育领导小组成立，中国开始制定和实施广义计划生育政策，即开始号召晚生和少生，但不限定每对夫妇只能生一胎。20 世纪 80 年代初，广义计划生育政策变为独生子女政策。1980 年与 1982 年中共中央先后发布了《关于控制人口增长问题致全体共产党员、共青团员的公开信》和《关于进一步做好计划生育工作的指示》，提出"一对夫妇只生一个孩子"，并严格规定城镇居民和国家干部、职工除特殊情况外只能生育一胎。因此，1980 年前后是全国范围推广以家庭为单位的独生子女政策的关键节点。

调查样本中的三口之家和四口之家，大多数夫妻都是生于 1980 年前后，等到他们结婚生育的时候，计划生育已经推广了多年。这无疑是形成家庭小型化的重要因素。户人口数超过 4 人的家庭，大多是三世同堂。这种传统的家庭模式能够在农村延续，是因为它带给许多家庭子孙满堂的天伦之乐。

二 年龄与性别构成

1. 人口的年龄分布

在所调查的样本中，常住人口为 157 人。将其分为七个年龄组，即 1—10 岁、11—20 岁、21—30 岁、31—40 岁、41—50 岁、51—60 岁和 61 岁及以上。其中 41—50 岁这一年龄段的人最多。其次是 1—10 岁，参见图 3-2。

	1—10岁	11—20岁	21—30岁	31—40岁	41—50岁	51—60岁	61岁及以上
人数	26	24	19	18	37	18	15

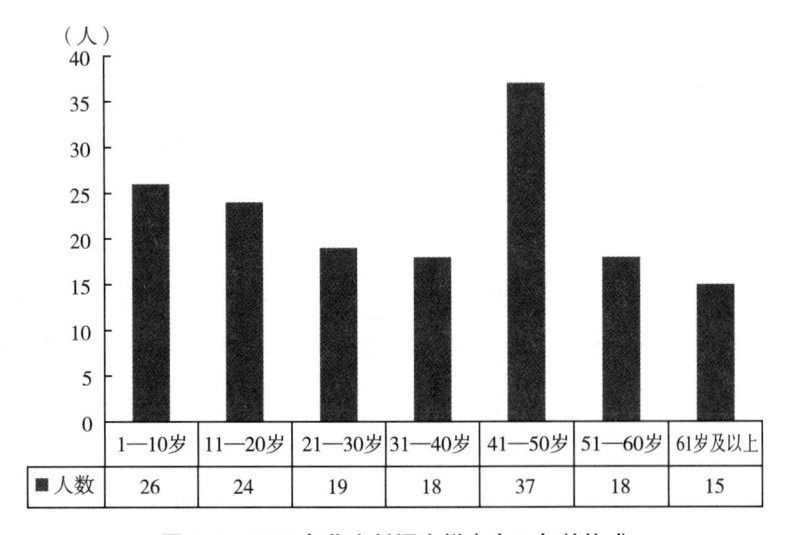

图 3-2　2010 年化山村调查样本人口年龄构成

资料来源：根据调查统计数据计算整理。

世界卫生组织于 2000 年提出了新的年龄划分法，其标准为 44 岁及以下为青年期，45 岁到 59 岁为中年期，60 岁及以上为老年期。按照这一标准，对化山村调查样本中的人口年龄分布重新组合，得到图 3-3。

根据世界卫生组织标准，在本次调查的样本中，青年人人口最多，占 63.7%；中年人人口其次，占 26.1%；而老年人人口最少，占了 10.2%。

化山村调查样本中，人口的年龄跨度从 1 岁到 85 岁。从图 3-2

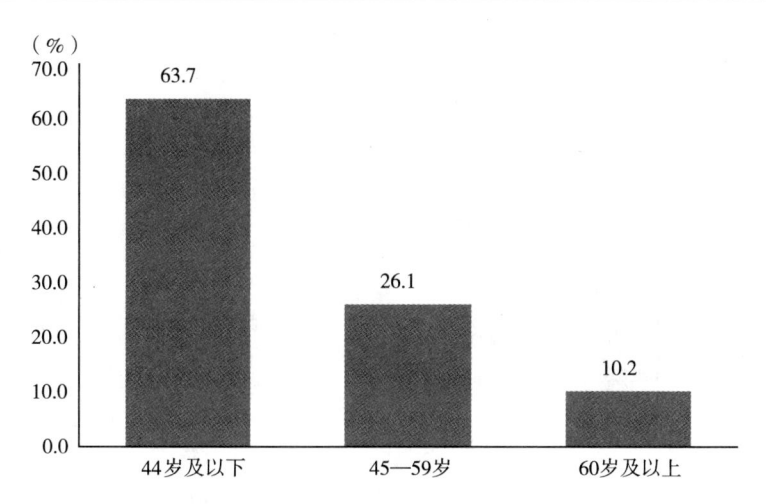

图 3-3　2010 年化山村调查样本人口分布情况

资料来源：根据调查统计数据计算整理。

与图 3-3 可以看到，该村的人口主体为青年，老年人口占比较低。国际上通常把 60 岁及以上人口占总人口比例达到 10%，或 65 岁及以上人口占总人口的比重达到 7%，作为一个国家或地区进入老龄化社会的标准。60 岁及以上老年人口达到总人口的 10%，是联合国的传统标准；65 岁及以上的人口达总人口的 7% 是新标准。根据新标准，65 岁及以上人口的占比超过 14%，即为"老龄社会"。我国早在 2001 年就已开始步入了老龄化社会，这一问题今后将对社会发展产生各种影响。

按照传统标准，从调查样本看，化山村已经进入老龄化社会。随着 45—59 岁的中年人口进入老年期，十年后，化山村也将进入"老龄社会"。

目前，全村 800 人中，劳动力总数 460 人，占 57.5%，养老的压力不会很大。但随着老年人增多，出生率下降的影响将显现出来，养老以及医疗等支出将成为劳动力人口支出的很大一部分。

2. 人口的性别比例

在全村 460 名劳动力人口中，男女各占一半，为 230 人。但从分组年龄看，性别比重则呈现出另外一幅图景（见图 3-4）。

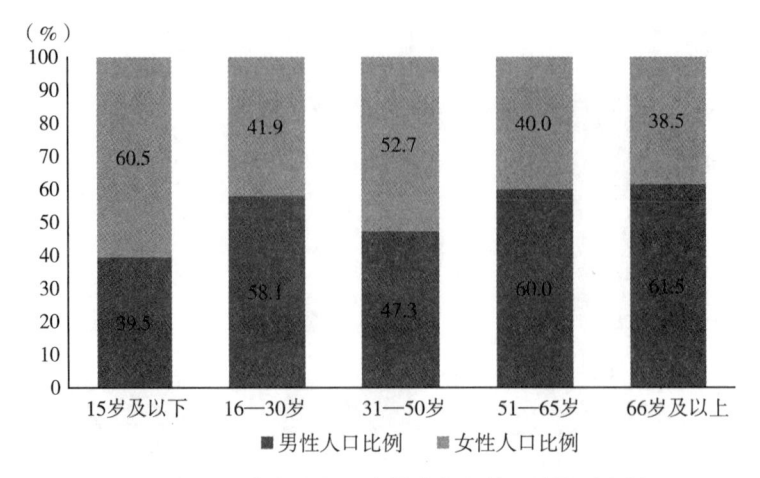

图 3-4 2010年化山村调查样本各年龄组的性别比例

资料来源：根据调查统计数据计算整理。

根据图3-4展示的情况，男性比重超过女性的年龄组包括：16—30岁组、51—65岁组和66岁及以上组。男性比重低于女性比重的年龄组则包括15岁及以下组和31—50岁组。值得注意的是，51—65岁组和66岁及以上组的男性比重超过女性，与通常观察到的老年女性比重较高的情况不太相符。一个可能的解释是，这些人出生在新中国刚成立前后，大部分农村人仍然"重男轻女"，导致男性比重偏高。

三 人口的受教育程度

学历虽然不能代表能力，但是能从一个侧面衡量人对知识的时间金钱投入以及对知识的掌握程度，从而可以作为判断一个人的综合素质情况的一项指标。因此，在本次调查中，我们选取了学历这一指标，对化山村村民受教育程度做一个大致的描述。

1. 受教育者的总体构成

在化山村被调查的36户157人中，除了还在上学的人口（由于学习过程尚未结束，这部分人群的受教育程度目前不能确定），即图3-5"其他"组中的"未标明文化程度"的，受教育程度主要集中在小学和初中：初中程度的人口最多，有 34 人；其次是小学程度有 28 人。高中以及高中以上学历的人口共计 27 人，与小学程度人口接近。但是未上学的人口也相对较多，有 19 人。

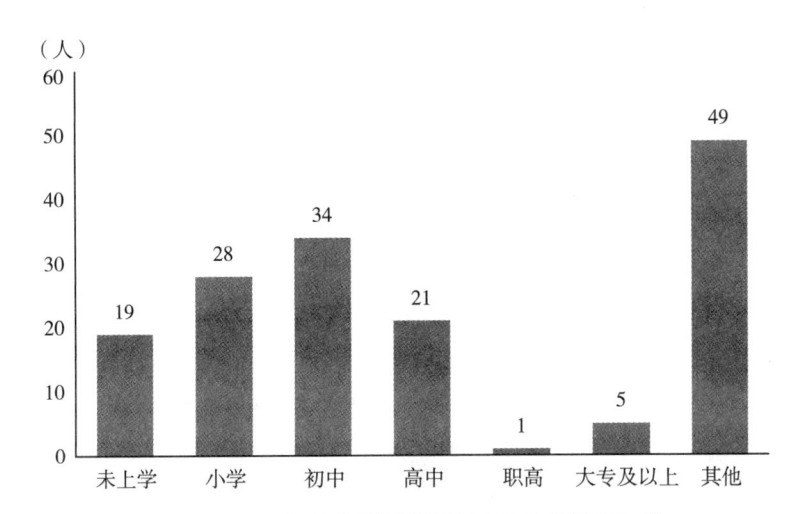

图 3-5　2010 年化山村调查样本受教育者学历构成

注："其他"包括"未上学可读写"和"未标明文化程度"两类。前者共计 5 人，后者计有 44 人。在本次调查中，"未标明文化程度"的指还在上学的人口。

资料来源：根据调查统计数据计算整理。

如图 3-5 所示，从人数上看，不考虑"其他"这一组，该调查样本中的人口的受教育程度呈现中间高、两头低，尤其是高中以上学历者少的特点。不过，单凭图 3-5 还不能断定该样本的整体受教育程度偏低。比如说，未上学的人口，不能确定他们都是文盲，其中可能有很多人是因为没有达到法定入学年龄而没有上学。因此，需要对受教育者的年龄构成进行进一步的分析。

2. 受教育者的年龄构成

表 3-1　　　　化山村调查样本受教育者的年龄结构　　　　单位：人

受教育程度	15 岁及以下人口	16—30 岁人口	31—50 岁人口	51—65 岁人口	66 岁及以上人口
未上学	5	0	4	3	7

续表

受教育程度	15 岁及以下人口	16—30 岁人口	31—50 岁人口	51—65 岁人口	66 岁及以上人口
小学	4	0	16	4	4
初中	1	8	21	3	1
高中	0	9	7	5	0
职高	0	0	1	0	0
大专及以上	0	5	0	0	0
其他	28	9	6	5	1

资料来源：根据调查统计数据计算整理。

表 3-1 反映了化山村被抽样的调查样本中，受教育者的年龄结构。从表中可以看出，未上学者的年龄群体基本上是 31 岁及以上的。15 岁及以下人口占未上学者人数的比重仅为 26.3%。这样看来，该样本中的文盲程度还是较高的。

小学学历人口主要集中在 31 岁及以上的人口。初中和高中学历的人口主要集中在 16—30 岁和 31—50 岁两个组。而大专及以上的人口则都在 16—30 岁人口组。可以看出，受教育程度表现出学历越高者年龄越小的特点。这些数字及其展现的特点与我国教育事业的发展历程是相符的。限于农村的经济发展水平以及教育资源投入，过去农村人口多数没上过学，或者只能上到小学。随着国家对农村教育事业的不断投入，以及义务教育的普及，取得小学初中学历的人口不断增加。同时，伴随着经济发展水平的提高，人们越来越重视对下一代的教育，村民的学历水平也开始呈现上升趋势。另外，15 岁及以下人口中的"其他"组中，28 人全部是在上学的人口。这些人在现在农村经济良好发展的情况下，基本都能获得大专及以上的学历。

3. 受教育者的性别构成

表 3-2　　　　化山村调查样本受教育者的性别结构　　　　单位：人，%

受教育程度	总人数	男性人数	女性人数	男性比重	女性比重
未上学	19	7	12	36.8	63.2

续表

受教育程度	总人数	男性人数	女性人数	男性比重	女性比重
小学	28	11	17	39.3	60.7
初中	34	17	17	50.0	50.0
高中	21	13	8	61.9	38.1
职高	1	1	0	100	0
大专及以上	5	4	1	80.0	20.0
其他	49	26	23	53.1	46.9

资料来源：根据调查统计数据计算整理。

排除职高一行的数据，再看表3-2最后两栏的比重变化，我们不难发现，随着受教育程度的不断上升，男性比重也在不断加大，而女性比重却在不断下降。整体上看，男性学历要比女性高。这个现象的一个解释是，农村养儿防老观念较为流行。男性负责父母养老，而女性则随着出嫁渐渐进入了另一个家庭，成为提供另一个家庭中长辈的养老资金的劳力。这就导致父母愿意在儿子身上投入更多的钱财精力进行教育培养。女儿则一般在完成义务教育之后就停止继续学习。

四 民族姓氏

从调查结果来看，化山村样本人口全部为汉族，其姓氏也属于汉姓。具体姓氏构成见表3-3。

表3-3　　　　　　化山村调查样本村民姓氏的构成

姓氏人数（人）	姓氏个数（个）	总人数（人）	总人数占全部人口比（%）	具体姓氏
1	16	16	10.2	曹、杜、葛、冀、贾、江、解、吕、乔、汤、陶、谢、薛、闫、余、邹
2	2	4	2.5	郭、秦
3	5	15	9.6	陈、房、刘、吴、翟

续表

姓氏人数（人）	姓氏个数（个）	总人数（人）	总人数占全部人口比（%）	具体姓氏
4	1	4	2.5	程
5	4	20	12.7	樊、王、忤、袁
6	3	18	11.5	权、杨、朱
13	1	13	8.3	符
17	1	17	10.8	周
18	1	18	11.5	李
32	1	32	20.4	张
合计	35	157	100	

资料来源：根据调查统计数据计算整理。

从表3-3可以看出，在本次调查样本中，"张"为第一大姓，有32名姓氏人口，占全部人口的20.4%。其次为"李""周"，分别有18名和17名姓氏人口，各占全部人口的11.5%和10.8%。第三位的姓氏为"符"，姓氏人数为13人，占全部人口的8.3%。

除了这四个姓氏人口较多外，其他姓氏人口很零散。其中，16个姓氏的姓氏人数只有一人，"郭""秦"二姓各有两人。另有5个姓氏各有三名姓氏人口。"程"姓人口为4人。姓氏人数为5人的有4个姓氏。还有3个姓氏各有6名姓氏人口。因此，10人以下的姓氏共有31个，其人口占全部人口的比例为49%。

总之，姓氏构成特点为：大姓人口多且集中，而姓氏人口少的姓氏多且分散。

第二节 化山村就业

由于化山村拥有国家级风景区，旅游业发达；而当地政府希望藏富于民，鼓励群众经营农家宾馆，所以化山村的服务业较发达。这意味着较多的服务业就业人口，同时较少人成为工业就业人口。

但总体来说，能够依靠旅游资源的比较优势，发展生态环保的旅游服务业，不管是对当地农民还是对政府来说，都是一件两全其美的事情。

一 就业的总体情况

在全村 800 人中，劳动力总数为 460 人。其中，男女劳动力各占一半。在本次调查样本中，共有 157 人，其中 61 人不参加就业。参加就业的 96 人中，部分人从事不止一个行业，就业总体情况见表 3-4。

表 3-4　　　　　化山村调查样本村民就业总体情况

从事行业	就业人口（人）	占总人口的比重（%）
农业	57	36.3
工业	6	3.8
服务业	63	40.1

注：其他行业归入到服务业里面。
资料来源：根据调查统计数据计算整理。

从表 3-4 看到，该样本中的就业呈现出"两头重，中间轻"的特点。农业和服务业吸收了 76.4% 的人口。为什么在工业就业人口不多的情况下，服务业就业人口相对较多？这主要是由于旅游业的发展及其对农业种植业的带动。比如说，当地很多农户养香菇，外来游客来风景区度假，使得有生意头脑的农户马上进入了服务业。因此，农家乐很快涌现，既有本土特色又实惠，很受游客欢迎。另外，由于种植香菇的人较多，初具规模效益，有些农户便开始搞起了农产品的批发零售：一部分卖到城里去，另一部分直接卖给游客。

由于化山村两大主要产业——香菇种植和旅游——在时间上刚好不重合，所以很多农户在旅游旺季从事农家宾馆的经营，在淡季则种植香菇、种小麦玉米等粮食。

二 就业的结构分析

为进一步了解华山村村民的就业情况,接下来对就业人员的性别、年龄,就业人员的具体行业和就业地域等进行分析。

1. 就业人员的性别构成

从图 3-6 我们可以直观地看到,整体上来说,男性就业人口在所有行业都超过女性就业人口。就三大产业部门具体来说,工业部门内男女就业人数差别最大,其次是服务业,最后是农业。农业部门的男女就业人口相差不大,这是容易理解的。因为男女都能胜任种粮食、香菇等农活。至于工业和服务业的情况,我们需要进一步分析具体产业内的情况,才能解释上述现象。

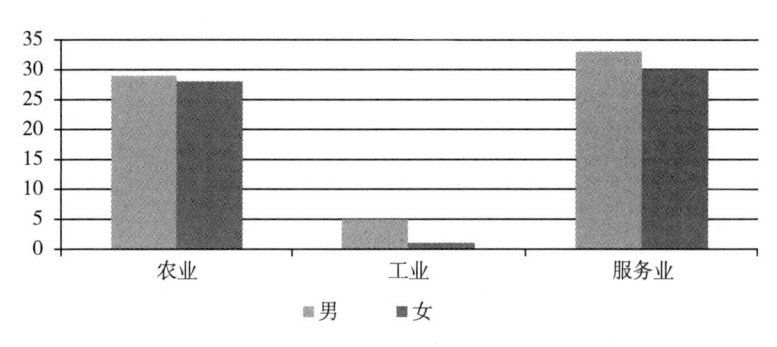

图 3-6 2010 年化山村调查样本三大产业就业人员的性别构成

资料来源:根据调查统计数据计算整理。

2. 就业人员的具体产业构成

对工业和服务业的具体产业构成情况做了进一步分析后,我们发现在工业部门中,只有一位女性在制造业就业岗位上工作。这一现象的一种可能解释是,从上一节受教育程度中男女比例的分析来看,学历越高,女性比例越低;而制造业相对来说需要更高的知识水平。因此,制造业中男性就业人口大于女性就业人口。至于建筑业,更多的是依靠体力,因此女性很少会参与该行业,尤其是在还有其他很多行业可以选择的情况下。当然,本次调查的样本容量不够大，使得工业人口总数本身就不多，所以很难说该样本中的数据有说服力，反映出来的工业内部的男女就业比例也就很可能与实际情况出入很大。

表 3-5　　　　　　化山村调查样本村民就业总体情况　　　　　　单位：人

具体产业	就业人数	男性就业人数	女性就业人数
制造业	4	3	1
建筑业	2	2	0
工业总计	6	5	1
交通运输、仓储和邮政业	2	1	1
批发零售业	22	13	9
住宿餐饮业	32	15	17
居民服务业	5	2	3
其他服务业	1	1	0
其他行业	1	1	0
服务业总计	63	33	30

资料来源：根据调查统计数据计算整理。

在服务业内部，如图 3-7 所示，男性就业人口就只有在批发零售业中超过了女性就业人口。而在另外三个主要的服务业具体行业中，女性就业人口都没有少于男性。具体来说，在交通运输、仓储和邮政业中，男女比例持平。在住宿餐饮业和居民服务业中，女性就业人口均超过男性。同样，这里展现出来的数据和结论也受制于本次调查样本的大小，实际情况可能并非如此。如果想要了解更准确的情况，还需要进一步地采取更大范围的调查。

3. 就业人员的地域构成

就业人员的地域构成，主要分析工业和服务业部门的从业人员。这是因为农业基本上是离不开土地的，而土地又没有人一样高的流动性，很难有从事农业而不在本村的。本次调查中，我们将工作的地域分为五个层次：本村、村外乡内、乡外县内、县外省内以及省外。具体情况如图 3-8 和图 3-9 所示。

34 化山村调查报告

```
■男性就业人口比例    女性就业人口比例
```

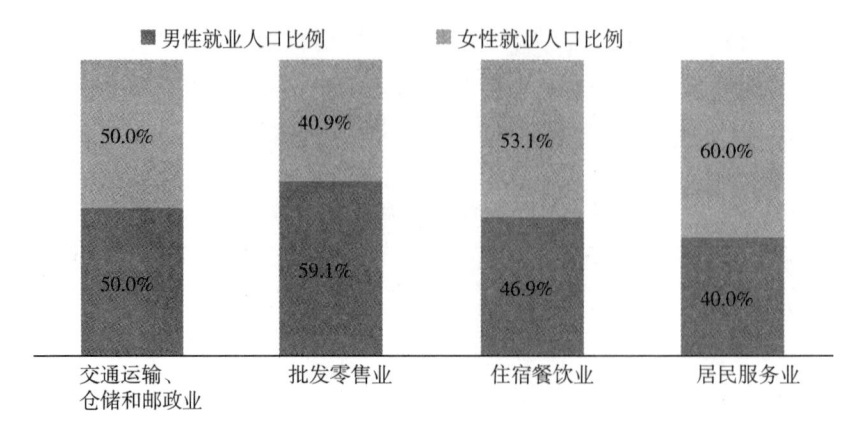

交通运输、仓储和邮政业: 50.0% / 50.0%
批发零售业: 40.9% / 59.1%
住宿餐饮业: 53.1% / 46.9%
居民服务业: 60.0% / 40.0%

图 3-7　2010 年化山村调查样本服务业部门内就业人员的性别构成

资料来源：根据调查统计数据计算整理。

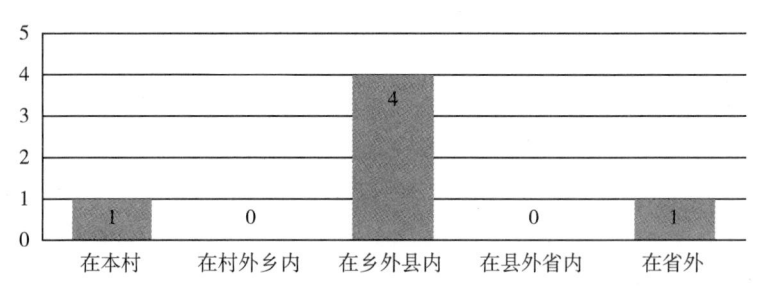

在本村: 1；在村外乡内: 0；在乡外县内: 4；在县外省内: 0；在省外: 1

图 3-8　2010 年化山村调查样本工业就业人员的地域构成

资料来源：根据调查统计数据计算整理。

从图 3-8 可以看出，大部分工业部门的就业人口集中在乡外县内。这主要得益于西峡县龙头产业的良好发展。在西峡县的产业聚集区内，有三个主导产业：汽车配件铸造业、中药产业和新材料行业。在县内企业不断发展的同时，西峡县政府积极努力招商引资。这些因素都促成了县内工业的快速发展以及相应工业部门就业人口的迅速增长。

那么既然县内工业发展如此良好，为什么化山村的工业就业人数如此之少呢？这是由于该村拥有国家 4A 级生态旅游区——龙潭沟景区。该景区的旅游业带动了当地的居民从事相关的服务业进行创收。与其他许多旅游景点不同，西峡县政府没有让专门的酒店在化山村拔地而起，而是选择了藏富于民，让当地老百姓受惠于本地旅游资源的开发。因此，这也就解释了图 3-9 中，服务业就业人员地域构成中，本村的就业人口最多的现象。

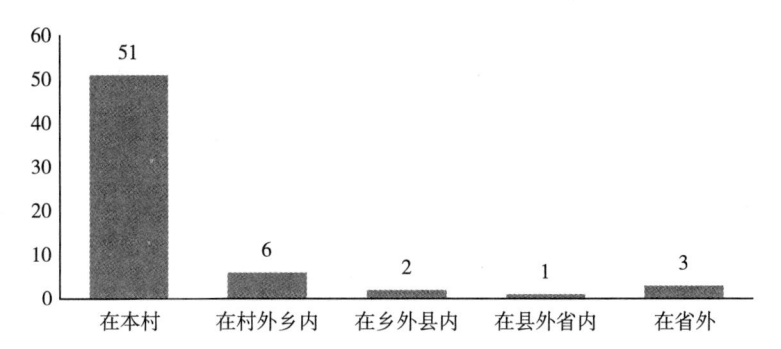

图 3-9　2010 年化山村调查样本服务业就业人员的地域构成

资料来源：根据调查统计数据计算整理。

4. 就业人员的年龄构成

就业率是经济发展状况的一项重要指标。在城市化不断推进的今天，农村人口逐渐向城市转移。他们放弃了在本村参与农业就业，进入了城里的制造业和建筑业等行业。城里的企业容易受到经济波动的影响，裁减员工是必不可少的。这就造成了进城打工者暂时的失业。如果经济处于较长时间的萧条期，企业不再扩大投资、重新招人，那么暂时的失业者就可能变成永久的失业者。对农民工来说，如果城市里待不下去了，可以回到农村继续就业。但是如果没有农村的缓冲，那么他们就只能领着失业救济过活了。

在我国的统计制度下，经济活动人口是指所有年龄在 16 岁及以上，在一定时期内为各种经济生产和服务活动提供劳动力供给的人口。这些人被视为实际参加或要求参加社会经济活动的人口，也称为现实的人力资源。实际参加的即是就业人口，而要求参加实际上却未能成功参加的即是失业人口。因此，计算就业率和失业率的公式为：

就业率＝就业人员数/经济活动人口数

失业率＝失业人员数/经济活动人口数

在本次调查样本中，16岁以下人口数为38人，占样本总人口157人的24.2%。如本节所述，本次样本中有61人不参加就业；其中16岁以下的38人占了62.3%；剩下的23人中，8人处在学习阶段，6人是患病而部分或全部丧失劳动能力的，余下的9人均为年龄在60岁及以上的老人。因此，一般来讲，农村地区不存在明显的失业问题。

第三节 化山村的可持续发展道路

可持续发展是指在发展过程中既要满足现代人的需求，又不损害后代人满足其需求的能力，即经济、社会、资源和环境保护协调发展。既要达到发展经济的目的，又要保护好人类赖以生存的大气、淡水、海洋、土地和森林等自然资源和环境，使子孙后代能够永续发展和安居乐业。人类社会过去的发展经历了"先污染，后治理"的过程，造成了诸多环境生态问题。

1. 酸雨：一般指由于空气中二氧化硫和氮氧化物等酸性物质引起pH值小于5.6的酸性降水。化石燃料在燃烧产生热能的同时，也会释放出二氧化硫、氮氧化物等大气污染物。由于人类使用化石燃料的量非常之大，大气污染物不断积累，导致了酸雨的最终出现。酸雨最早发生在欧美，之后不断扩大，亚洲及拉美地区更有后来居上的趋势。我国的经济高速增长时期的发展方式属于粗放型，能源消耗高、环境污染严重，酸雨问题也就很快出现，并开始影响人们的生活。

2. 淡水资源污染：水污染主要来自生活废水、工业废水和含有农业污染物的地面径流。随着人口增长导致人类的淡水资源需求不断提高，由淡水资源引起的国际争端也在增加。

3. 土地荒漠化和森林植被破坏：土地荒漠化主要因为过度放

牧、乱砍滥伐、不当开垦草地、连续耕作等导致的植被破坏。森林具有调节气候、涵养水源和防沙固土等功能。森林的不断减少，会造成气候变化、洪涝灾害加剧等后果。

4. 垃圾、废弃物污染：人类生产生活过程中丢弃的固体和泥状物质，如果得不到恰当的处理，就变成了污染物。

5. 气候变化：《联合国气候变化框架公约》对气候变化的定义是"经过相当一段时间的观察，在自然气候变化之外由人类活动直接或间接地改变全球大气组成所导致的气候改变"。这种改变主要指大气中温室气体如二氧化碳等的浓度增加，导致地球表面温度的升高。政府间气候变化问题小组《第四次气候变化评估报告》认为，"气候变化确实在发生着，而且极有可能是人类活动所引起的，即主要是由于人类大量燃烧化石燃料所排放的二氧化碳等温室气体引起的"。

以上环境问题均对可持续发展形成限制，具体的原因包括：

第一，片面追求经济增长，尤其是工业的快速发展，忽视环境问题。比如，20世纪50年代开始经济腾飞的日本，由于单一追求工业发展，加上政府、企业对环境问题的认识有限，引发了"水俣病"等严重的污染公害事件。日本政府花了14年时间，投入480多亿日元才恢复了水俣湾的生态环境。

第二，对国际分工和产业链转移的应对不足。比如台湾地区，20世纪六七十年代通过从海外引进大量设备，重点发展食品、纺织、化工等劳动密集型出口加工业；70年代末至80年代，从美国、日本大批承接了电子制造工业。先后两次承接国际产业结构大调整，使台湾经济高增长、快速工业化、城市化。但由于相应的基础设施建设没有跟进，造成了工业废水、未经处理的生活污水的大量排放。再加上农业、矿业、养殖业等污水排放，使台湾的水污染问题日益严重，80年代开始有大量与水污染有关的事件爆发。

第三，过分依赖资源发展经济，导致森林植被的乱砍滥伐。以印度尼西亚为例。印尼的森林是与巴西相媲美的世界多物种宝库。然而，随着人口激增，对土地需求急剧增加，砍伐森林改作农地成为森林消失的一大原因。同时，印尼是世界第二大棕榈油生产国，不断扩大棕榈树的种植面积，代价是大量砍伐热带雨林。此外，20世纪八九十年代，木材、纸浆出口大增，导致对木材的需求攀升。以上诸多因素导致的森林砍伐，使得森林密度下降，阳光照射下过度干燥的林地，常常引发森林火灾。

总结起来，保护环境的关键是对环境问题的重视，处理污染物的基础设施的建设和政府发展规划的科学合理性。在我国中央政府建设可持续发展社会的号召下，西峡县积极响应，努力建设生态示范县，并取得了一些重要成果。比如，西峡县排放至下游的水质目前已经达到了三类水的标准，并且争取在未来达到二类水的标准。

发展经济时兼顾生态环境，是各地区发展过程中面临的最大挑战。开发旅游资源是目前较好的一种发展道路。虽然不是每个地方都有适合发展旅游业的资源，但是有此类资源的地区，大可加以充分利用。

化山村发展起步较晚，这使得它一度成为省级贫困村。不过，常言道，福祸相依。发展落后，就意味着它没有经历粗放型的、高污染的工业发展阶段。这样，当地的资源，尤其是山林，被破坏的程度就相对较小。正所谓"留得青山在，不怕没柴烧"。化山村的绿水青山没有被破坏，为它在新时期的发展赢得了机遇。由于其他地区早期发展工业，资源掠夺、环境破坏都很严重。所以，那些地区的人们已经失去了身边的优美自然风光。类似化山村这样未经过工业发展阶段的地方，自然就成了他们旅游的胜地与心灵的寄托。

单单靠保留了自然景色，还不足以使化山村从一个贫困村变成小康村。更重要的是当地政府的政策。比较一下世界上很多拥有旅游资源的地方，尤其是非洲以及南美等落后国家和地区，我们就能发现，很多政府把旅游业的收入几乎全部倒入自己的口袋。因此，如果政府不采取产业对接，使当地农民致富的话，贫困村不可能如此快速脱贫，以至于生活能够达到小康水平。

很多地区旅游业发展起来的同时，往往就是高楼相伴而起。这些高楼要么是宾馆旅店，要么是酒肆饭馆。这样的建筑工程，常常是政府投资一部分、私人投资一部分。但是这些私人投资者，几乎都是外地的富商。

当地政府考察其他地方的做法后，希望通过农家宾馆的形式，让当地农民用较少的投资，参与原本需要大资本投入的旅游服务业。但在一开始的时候，谁也没有信心。所以，当地领导还是通过一些外商的示范来引导村民。当地的领导与外来投资者协商，投资者只需要付一点山坡费，就可以在山坡上盖小宾馆。就这样，带头的农家宾馆开业了。此后旅游业发展红火，很快就让村民们看到了希望。于是，农家宾馆如雨后春笋般涌现。村民的收入也慢慢开始提升。

由于旅游业的季节性，化山村的旅游旺季一般是"五一"和"十一"两个黄金周。如果单靠旅游业赚钱致富的话，淡季就没有收入了。所以，村民将旅游开发与特色农业相结合，淡季的时候进行袋料香菇的种植、购销或粗加工。

旅游业的发展不仅具有经济效益，更有文化意义。一方面，游客们买走了土特产，带到全国各地乃至世界各地，以口口相传这一最古老而又最实用的广告形式宣传了化山村；另一方面，村民们在与游客的接触过程中，也慢慢地学习到了很多新知识，并开始解放思想。

这就是化山村的可持续发展道路。没有环境污染，没有生态破坏，旅游业和农业协同发展，村民收入提高的同时不断吸收新知识。

第四章

农民财产拥有与生活质量状况

在本次调查中,我们从全村所有村民中分层抽取了高收入、中等收入和低收入共 36 家农户作为样本。通过调查人员入户调查,与村民面对面的交谈得到一手材料。上一章总结的是本次调查问卷中第一大部分的内容。本章为行政村入户调查表第二大部分,即"农民财产拥有与生活质量状况"的报告。从调查数据看,化山村村民财产拥有与生活质量状况均与以农家宾馆为主的旅游服务业密切相关。

第一节 农户的房屋与居住情况

一 房屋数量

经过对村民拥有房屋数量的调查统计数据进行处理,得到表 4-1。如表 4-1 所示,在本次调查样本 36 户中,拥有房屋 1 处的农户为 25 家,拥有 2 处的为 10 家,拥有 3 处的为 1 家。从各自所占的比重可以看出,该样本中多数村民只拥有 1 处房屋。在拥有 2 处以上房屋的农户中,在本村外拥有 1 处以上房屋的有 5 户。

表 4-1　　　　　化山村样本村民拥有房屋数量　　　　　单位：家,%

拥有房屋数量	1 处	2 处	3 处
农户数	25	10	1
比重	69.4	27.8	2.8

资料来源：根据调查统计数据计算整理。

二　房屋面积

从拥有房屋的面积来看，这 36 户村民中，房屋面积从最小的 80 平方米到最大的 868 平方米不等，具体情况见图 4-1。

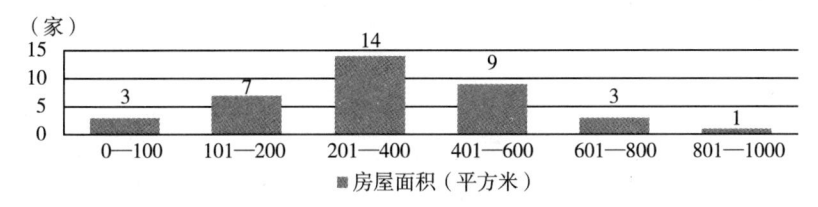

图 4-1　2010 年化山村样本农户拥有房屋面积分布

资料来源：根据调查统计数据整理制作。

从图 4-1 中，我们能够清楚地看到，该样本中农户的房屋面积拥有情况分布大致呈现出"正态分布"。拥有房屋面积在 201 平方米到 400 平方米的农户最多，有 14 家；其次是 401 平方米到 600 平方米的农户，为 9 家；再次为 101 平方米到 200 平方米的，有 7 家。拥有房屋面积在 601 平方米及以上和 100 平方米以下的农户分别有 4 家和 3 家。整体看，化山村农户房屋面积较大，其主要原因在于化山村发展以农家宾馆为主的旅游服务业，农家宾馆与自家住房合为一体。

图 4-1 所能反映的仅仅是整个化山村样本的总体情况。如果要想了解样本中各个家庭的居住情况，需要计算其人均房屋拥有面积。

表 4-2　　　　　化山村样本农户各家人均拥有房屋面积

户编号	家庭人数（人）	拥有房屋数量（处）	拥有房屋面积（平方米）	人均拥有房屋面积（平方米）
HS-001	4	3	500	125.0

续表

户编号	家庭人数（人）	拥有房屋数量（处）	拥有房屋面积（平方米）	人均拥有房屋面积（平方米）
HS-002	4	2	400	100.0
HS-003	3	1	400	133.3
HS-004	4	1	300	75.0
HS-005	4	2	800	200.0
HS-006	2	1	140	70.0
HS-007	4	2	700	175.0
HS-008	7	1	120	17.1
HS-009	4	1	200	50.0
HS-010	5	2	600	120.0
HS-011	6	1	350	58.3
HS-012	3	1	150	50.0
HS-013	5	1	320	64.0
HS-014	4	1	400	100.0
HS-015	3	1	300	100.0
HS-016	4	1	220	55.0
HS-017	2	2	500	250.0
HS-018	4	1	450	112.5
HS-019	6	2	500	83.3
HS-020	3	2	500	166.7
HS-021	4	1	400	100.0
HS-022	4	1	400	100.0
HS-023	7	2	868	124.0
HS-024	5	2	400	80.0
HS-025	2	1	90	45.0
HS-026	4	1	300	75.0
HS-027	5	1	400	80.0
HS-028	6	2	500	83.3
HS-029	6	1	100	16.7

续表

户编号	家庭人数（人）	拥有房屋数量（处）	拥有房屋面积（平方米）	人均拥有房屋面积（平方米）
HS-030	6	1	140	23.3
HS-031	3	1	140	46.7
HS-032	7	1	500	71.4
HS-033	4	1	450	112.5
HS-034	4	1	80	20.0
HS-035	6	1	120	20.0
HS-036	3	1	350	116.7

资料来源：根据调查统计数据计算整理。

村民的房屋用途可分为生产用和生活用两大类。生活用房屋拥有面积更能反映村民的实际居住情况。不过，由于化山村许多农户开设农家宾馆，这部分房屋既具有生活性，又具有生产性。因此，我们在此不采用这个指标，而采用更能反映村民经济实力的另一个指标——在村外拥有房屋的面积。

该样本中村民在本村外拥有房屋面积总计1428平方米，11户拥有两处以上房屋，其中5户在村外拥有房屋，平均每户285.6平方米。可见，化山村部分村民拥有较强的经济实力。

三 房屋价值

在本次调查过程中，房屋价值都是由当地村民根据当时当地的经济情况估计的，因而在某种程度上与实际情况会有一定的偏差。具体的有关本次调查中的样本村民拥有的房屋现值的情况参见图4-2。

图4-2展现了36户村民2010年拥有的房屋价值情况。多数村民估算自己房屋现值为30万元及以下。随着房屋价值上升，村民户数趋于下降。首先，0—15万元和16万—30万元两个区间的农户数均为11户，两者共占整个样本的一半以上。其次，31万—45

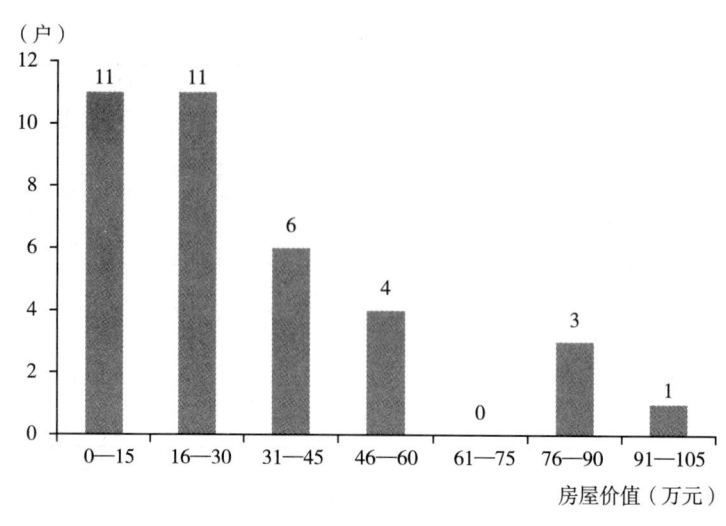

图 4-2　2010 年化山村样本农户拥有房屋的现值

资料来源：根据调查统计数据整理制作。

万元这一区间有 6 户，46 万—60 万元有 4 户，76 万—90 万元有 3 户。有 1 户村民估算其房屋现值为 91 万—105 万元。在 36 户村民的估算现值中，最低为 0.06 万元，最高为 100 万元。

表 4-3　2010 年化山村村民房屋的人均现值以及每平方米均值

户编号	拥有房屋面积（平方米）	家庭人数（人）	拥有房屋现值（万元）	每平方米现值（元/平方米）	每人拥有房屋现值（万元/人）	建造或购买年份
HS-001	500	4	80.0	1600.0	20.00	1998
HS-002	400	4	20.0	500.0	5.00	1993
HS-003	400	3	3.0	75.0	1.00	1991
HS-004	300	4	30.0	1000.0	7.50	2008
HS-005	800	4	83.0	1037.5	20.75	2006
HS-006	140	2	0.1	7.1	0.05	1982
HS-007	700	4	60.0	857.1	15.00	2005
HS-008	120	7	0.4	33.3	0.06	1975
HS-009	200	4	8.0	400.0	2.00	1997
HS-010	600	5	31.0	516.7	6.20	2001

续表

户编号	拥有房屋面积（平方米）	家庭人数（人）	拥有房屋现值（万元）	每平方米现值（元/平方米）	每人拥有房屋现值（万元/人）	建造或购买年份
HS-011	350	6	30.0	857.1	5.00	2006
HS-012	150	3	9.0	600.0	3.00	2002
HS-013	320	5	20.0	625.0	4.00	2005
HS-014	400	4	2.00	500.0	5.00	2004
HS-015	300	3	50.0	1666.7	16.67	2002
HS-016	220	4	30.0	1363.6	7.50	2004
HS-017	500	2	80.0	1600.0	40.00	2006
HS-018	450	4	30.0	666.7	7.50	2006
HS-019	500	6	50.0	1000.0	8.33	2005
HS-020	500	3	40.0	800.0	13.33	2005
HS-021	400	4	40.0	1000.0	10.00	2005
HS-022	400	4	30.0	750.0	7.50	2001
HS-023	868	7	100.0	1152.1	14.29	2005
HS-024	400	5	30.0	750.0	6.00	2007
HS-025	90	2	0.06	6.7	0.03	1981
HS-026	300	4	30.0	1000.0	7.50	2008
HS-027	400	5	40.0	1000.0	8.00	2005
HS-028	500	6	40.0	800.0	6.67	2007
HS-029	100	6	3.0	300.0	0.50	1995
HS-030	140	6	3.0	214.3	0.50	1989
HS-031	140	3	0.5	35.7	0.17	1985
HS-032	500	7	60.0	1200.0	8.57	2000
HS-033	450	4	40.0	888.9	10.00	2007
HS-034	80	4	5.0	625.0	1.25	2009
HS-035	120	6	0.08	6.7	0.01	1945
HS-036	350	3	30.0	857.1	10.00	2008

资料来源：根据调查统计数据计算整理。

如表4-3所示，房屋最早建于1945年，最晚购于2009年。每平方米现值最低为6.7元，分别建于1981年和1945年，是一户两口之家和六口之家；最高为 1666.7 元/平方米，购置于 2002 年，是一户三口之家。两者相差 1660 元/平方米。人均拥有房屋现值，最低为 0.01 万元/人，为六口之家；最高为 40 万元/人，为两口之家。

房屋现值在万元以下的有 5 户，这些房屋的面积都在 150 平方米以下。它们的户编号以及建造年份分别为 HS-025（1981）、HS-035（1945）、HS-006（1982）、HS-008（1975）、HS-031（1985）。

四　宅基地

宅基地是农户用作住宅基地而占有、利用的集体所有土地。它是指建了房屋、建过房屋或者决定用于建造房屋的土地，即建了房屋的土地，建过房屋但已无上盖物、不能居住的土地，以及准备建房用的规划地。根据我国法律规定，宅基地属于农民集体所有，公民个人没有所有权，只有使用权。同时，根据《中华人民共和国担保法》第三十七条规定：耕地、宅基地、自留山等集体所有土地使用权不能抵押。

城乡分割是中国经济的一大现象。其中一个重要的原因是土地产权的城乡差别。城市土地原属国家所有，国家分给国有企业、国有单位、机关和军队的土地都是无偿划拨的。1987 年，模仿英国殖民制度下的香港的相关土地使用办法，我国开始实施国有土地使用权的招拍挂。当时，国务院建议人大修正宪法和土地法，使得在土地所有权仍属于国家的前提下，土地的使用权可以按照 70 年、50 年、40 年的长周期批给市场。从此，我国有了房地产，有了城市土地市场。

在改革开放政策的指导下，我国的经济高速发展、城市化不断推进。由于 1982 年宪法规定了城市土地属于国有土地，因此，城市化的扩张导致了国有土地的扩张。在土地总面积固定的情况下，国有土地的扩张，就意味着农村集体所有土地的减少。虽然国家对征地有补偿,但是补偿标准远远滞后于近年来城市房价的上涨。这就导致了近年来关于土地的许多纠纷。

上述的征地是农业用地变为非农业用地的一条主要通道。但还存在另外一条实现这一转变的办法。这就是农村人口增加之后,可以把耕地变成建设用地,即宅基地。

城市化需要征地,农村人口增加从而增加了对宅基地的需求:这两个因素共同导致了耕地的不断减少。所以,在2007年"两会"上,才会有温家宝总理在政府工作报告中提出的一个目标:"一定要守住全国耕地不少于18亿亩这条红线!"

2008年十七届三中全会通过文件,要求减少征地规模,同时让集体建设用地进入市场。这一文件的目的是促进农村建设用地市场化,提高农村土地的利用率。

化山村通过当地旅游业的带动,较早实现了农村土地的高效利用。农家宾馆的发展实际上将原本只用于村民居住的宅基地,变成了具有商业地产性质的建设用地。当地政府充分利用了土地资源,尽其所能地藏富于民,切切实实地落实了中央政府的政策。

在本次调查样本中,由于村民们对宅基地概念的掌握程度不一,因此,统计数据反映的情况与实际情况可能会出现一定的偏差。样本中村民拥有宅基地的面积的具体情况见表4-4(注:缺少一位农户的宅基地面积数据)。

表4-4 2010年化山村样本中村民拥有的宅基地面积分布情况

宅基地面积 (平方米)	0—100	101—200	201—300	301—400	401—500
农户数(户)	7	22	0	5	1

资料来源:根据调查统计数据计算整理。

如表4-4所示,2010年化山村调查样本中,除去缺少的一位村民的数据,剩余的35户村民中,宅基地面积在101—200平方米的最多,有22户,占63%。其次是0—100平方米的,有7户。再次是 301—400 平方米的，有 5 户。另外，还有 1 户村民的宅基地面积在 401—500 平方米这一区间。

虽然说一户一宅，但是农村户口有大有小。因此，如果要更加清楚地了解宅基地拥有情况，需要计算人均宅基地面积。

表 4-5　　2010 年化山村样本中村民的人均宅基地面积

户编号	家庭人数（人）	宅基地总面积（平方米）	人均宅基地面积（平方米）
HS-001	4	130	32.5
HS-002	4	400	100.0
HS-003	3	400	133.3
HS-004	4	160	40.0
HS-005	4	160	40.0
HS-006	2	140	70.0
HS-007	4	150	37.5
HS-008	7	160	22.9
HS-009	4	100	25.0
HS-010	5	80	16.0
HS-011	6	130	21.7
HS-012	3	130	43.3
HS-013	5	320	64.0
HS-014	4	150	37.5
HS-015	3	160	53.3
HS-016	4	170	42.5
HS-017	2	500	250.0
HS-018	4	100	25.0
HS-019	6	160	26.7
HS-020	3	130	43.3
HS-021	4	100	25.0
HS-022	4	400	100.0
HS-023	7	350	50.0
HS-024	5	130	26.0
HS-025	2	120	60.0
HS-026	4	150	37.5

续表

户编号	家庭人数（人）	宅基地总面积（平方米）	人均宅基地面积（平方米）
HS-027	5	200	40.0
HS-028	6	170	28.3
HS-029	6	100	16.7
HS-030	6	70	11.7
HS-031	3	170	56.7
HS-032	7	—	—
HS-033	4	150	37.5
HS-034	4	100	25.0
HS-035	6	120	20.0
HS-036	3	170	56.7

注："—"表示没有相关数据。

资料来源：根据调查统计数据计算整理。

从表4-5可以看出，宅基地总面积最小的为70平方米，是6口之家，人均11.7平方米，同时也是人均宅基地面积最小的一户。宅基地总面积最大的为500平方米，是2口之家，人均250平方米，同时也是人均宅基地面积最大的一户。其中17户村民在宅基地总面积的排序中的位置与人均宅基地面积的排序中位置相同，占总有效户数的48.6%。也就是说，近半数村民的宅基地面积与户人口数成正比。另外，宅基地总面积和人均面积从小到大排序之后，前三位和倒数后五位都是一致的。不过，更多的村民家里的宅基地总面积却和家庭成员数没有关系。也就是说，有的家庭总面积大，但是由于户人口数较大，人均面积就相对较小；而有的家庭虽然宅基地总面积不大，但是人口不多，平均下来的人均宅基地面积也就相对较大了。

此外，本次调查样本中的35户村民（除去一户数据缺失）拥有的宅基地总面积为6330平方米，总人口数为150人（除去数据缺失的家庭人口7人），因此人均宅基地面积的平均水平为42.2平方米。以这个平均值来衡量,有 20 户村民的宅基地面积在这一平均线以下,剩余的 15 户村民在平均线以上。具体情况参见图 4-3。

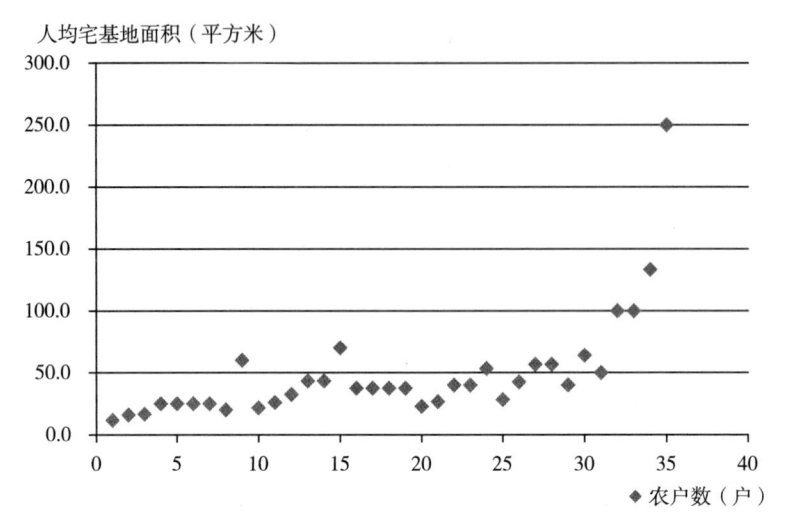

图 4-3 2010 年化山村样本农户各家人均宅基地面积散点

资料来源:根据调查统计数据整理制作。

五 房屋修建时间与房屋结构

这里的房屋修建时间与房屋结构均指本次调查样本村民的价值最高的房屋。修建时间、房屋结构对房屋质量有较大影响,所以这两个指标在一定程度上能够反映出村民的居住质量,作为生活质量的体现之一。

从图 4-4 可以清楚地看出,该样本中最高价值房屋的修建时间多数在 2001 年及以后,占了样本容量的 67%。1986—2000 年修建的有 7 户,占样本的 19%,1971—1985 年修建的有 4 户,占 11%。另有 1 户是 1955 年以前修建的,该户房屋的实际修建时间为 1945 年。

从房屋类型来看,该样本中的房屋有平房、楼房以及其他类型。其中平房 5 户;楼房 26 户,除 3 户外,均修建于 2000 年之后。其他类型的房屋有 5 户,主要是简易的房屋和瓦房等。

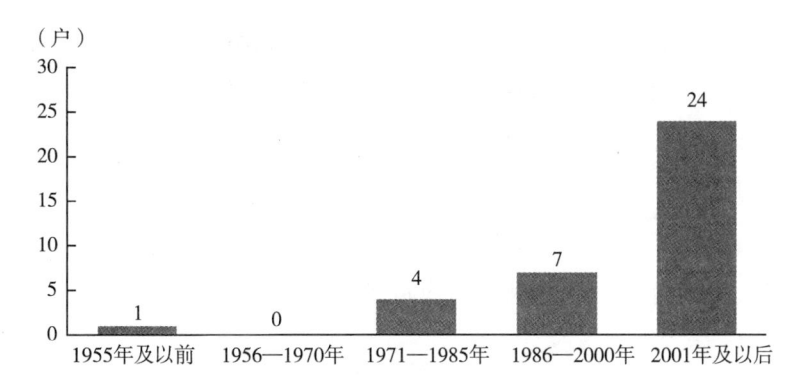

图 4-4　2010 年化山村样本农户价值最高房屋修建时间

资料来源：根据调查统计数据整理制作。

在本次调查样本中，房屋结构有以下几种类型：钢筋混凝土、砖（石）木、竹草土坯结构、砖混和其他类型。具体情况见图 4-5。

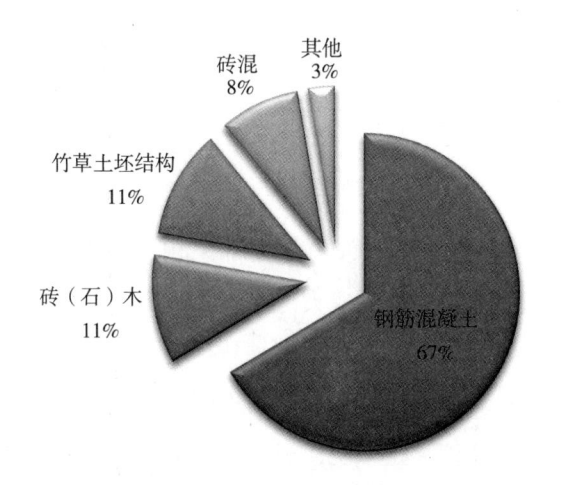

图 4-5　2010 年化山村样本农户价值最高房屋的结构

资料来源：根据调查统计数据整理制作。

从图 4-5 可以看出，在本次调查样本中，拥有钢筋混凝土类型房屋的村民最多，占了 67%。其次是砖（石）木和竹草土坯结构的房屋，均占 11%。另外，还有砖混结构的占 8%，其他类型的占 3%。值得注意的是，该样本中的最高价值房屋的修建时间多数在

2001年以后，占了样本容量的67%；而拥有钢筋混凝土类型房屋的村民也占了67%。从这两个数据可以推断，多数钢筋混凝土类型的房屋建于2001年之后。实际上，24户拥有钢筋混凝土类型房屋的农户中，只有5户是在2000年以前修建的。

现代建筑物，以其结构类型的不同，可以分为砖木结构、砖混结构、钢筋混凝土结构和钢结构四大类。

1. 砖木结构指的是用砖墙、砖柱、木屋架作为主要承重结构的建筑，像大多数农村的屋舍、庙宇等。这种结构建造简单，材料容易准备，费用较低。

2. 砖混结构指的是用砖墙或砖柱、钢筋混凝土楼板和屋顶承重构件作为主要承重结构的建筑，这是目前在住宅建设中建造量最大、采用最普遍的结构类型。

3. 钢筋混凝土结构，即主要承重构件包括梁、板、柱全部采用钢筋混凝土结构，此类结构类型主要用于大型公共建筑、工业建筑和高层住宅。钢筋混凝土建筑里又有框架结构、框架—剪力墙结构、框—筒结构等。目前25—30层的高层住宅通常采用框架—剪力墙结构。

4. 钢结构是指主要承重构件全部采用钢材制作，它自重轻，能建超高摩天大楼；又能制成大跨度、高净高的空间，特别适合大型公共建筑。

由于建筑材料和建造复杂程度的不同，工程造价也不同。就本次调查样本中的几种类型来说，一般在同等建筑面积的情况下，钢筋混凝土结构房屋的造价>砖混结构房屋的造价>砖（石）木结构房屋的造价>竹草土坯结构房屋的造价。由于化山村近年来的收入水平上升很快，因此大部分村民有实力建造造价较高的钢筋混凝土结构房屋。因而，结合房屋结构与修建时间，我们能够从中窥测出化山村的经济发展情况。

第二节 农户的生活质量状况

物质生活质量很大程度反映在"衣食住行"上。本节介绍的是本次调查样本中村民的耐用消费品拥有情况、饮用水情况,以及能源等基础设施的情况。这些内容作为"衣食住行"的基础,是良好物质生活的保障,更能反映生活质量状况。除了房屋能提供安全感之外,这些内容也是人们日常生活中安全感的来源。

一 耐用消费品拥有情况

耐用消费品是指那些使用寿命较长,一般可多次使用的消费品,如家用电器、家具、汽车等。由于耐用消费品的购买次数少,消费者的购买行为较慎重。

随着人们收入水平的提高以及产品的日新月异,走进千家万户的耐用消费品也在不断变化。在20世纪60年代,自行车、缝纫机和手表被称为"老三样"。到了90年代,洗衣机、冰箱和电视机取代了原来的三样,被称为"新三样"。如今的中国,汽车市场繁荣,房地产市场火热,再添一样,就组成了新世纪的"新三样"。信息技术的快速发展,使高科技产品的价格不断下降。手机、数码照相机、电脑等,都是"旧时王谢堂前燕,飞入寻常百姓家"。在这些耐用消费品的升级换代过程中,我们可以看到每一代人生活质量的不断提升。

表4-6描述的是2010年化山村样本村民拥有的各种耐用消费品的具体情况。在本次调查的36户中,有的耐用消费品几乎家家都有,有的还不止拥有一件,比如彩色电视机和手机。根据调研了解,农户家拥有2台以上彩色电视机的多为家里开设农家宾馆。在所有的耐用消费品里面,手机的拥有量是最多的,其次就是彩电,再次是空调和洗衣机。而摩托车的拥有量在空调和洗衣机之后。

表 4-6　2010 年化山村样本中村民拥有的各种耐用消费品情况

户编号	家庭成员数	彩色电视机	黑白电视机	影碟机	收录机	空调	冰箱	洗衣机	缝纫机	固定电话	手机	电脑	小汽车	摩托车	自行车
HS-001	4	1		1		1	2	2	1	1	3	2	1	1	1
HS-002	4	2		1			1	1	1		1	3	1		2
HS-003	3	1		1	1	1	1	1	1	1	2		1	1	
HS-004	4	1		1			1	1	1	1	2	1	1	1	
HS-005	4	1		3		9	3	3	1	3	3	2	1	1	
HS-006	2	1								1	1				
HS-007	4	3		1		3	1	1	1	1	3	1	1	1	1
HS-008	7	1						1			1			1	1
HS-009	4	1						1	1		1			1	
HS-010	5	1				2	1	1		1	1	1			1
HS-011	6	5		2		6	2	5	1	1	6	1	1	3	
HS-012	3	1					1							1	
HS-013	5	1		1		1	1		1	1	3	1		1	
HS-014	4	2		1			1	1	1	1	4			2	1
HS-015	3	1								1	3	1		1	
HS-016	4	1		1		1	1	1		1	1			1	
HS-017	2	2		1	1	5	1	1	1	1	2	2	1	2	
HS-018	4	2					1	1	1		2	1		1	
HS-019	6	2		1		1	1	2	1	1	3	1	1	2	
HS-020	3	1		1	1	3	1	1	1	1	2			1	
HS-021	4	3		1	1	2	1	3		1	3	1		1	
HS-022	4	2		1		2	1	1	1		2			1	
HS-023	7	2		1		1	1	2	1	2	5	2	1	2	
HS-024	5	1		1	1	3	2	1	1	1	2	1			
HS-025	2														1
HS-026	4	2		1	1		1	1	1		2	1		1	
HS-027	5	3		1			1	1	1		3	1	1	1	

续表

户编号	家庭成员数	彩色电视机	黑白电视机	影碟机	收录机	空调	冰箱	洗衣机	缝纫机	固定电话	手机	电脑	小汽车	摩托车	自行车
HS-028	6	2	1	1			1	2	1		2	1		2	
HS-029	6	1					1	1	1		2			1	
HS-030	6	1					1	1	1	1	1			1	
HS-031	3	1		1			1	1	1						
HS-032	7	3		1			2	1	1		5	1		2	1
HS-033	4	1					2	1	1	1	3			1	
HS-034	4	1	1							1					1
HS-035	6	2		1				1	1		1			1	1
HS-036	3	2									3			2	
合计	157	58	2	28	6	44	37	44	28	28	81	24	11	42	10

资料来源：根据调查统计数据计算整理。

表4-6反映的是本次调查样本中村民耐用消费品拥有量的总体情况。至于每种耐用消费品的普及情况，则需要采用拥有该物品的村民户数作为一个更加精确的指标来反映。本次样本中的具体情况见图4-6。

图4-6比较直观地展示了化山村调查样本中拥有各种耐用消费品的农户数。如图4-6所示，彩色电视机、手机、摩托车和洗衣机的普及程度最高，拥有的农户数分别是35户、33户、32户和32户。目前普及程度较低的是黑白电视机、收录机、自行车和小汽车，拥有的农户数分别为2户、6户、10户和11户。这组数字很有趣，也反映了本次调查样本中的农户的生活水平的发展阶段。由于黑白电视机、收录机和自行车是早期比较流行和普及的耐用消费品，而小汽车则是近年来才开始普及，尤其是在农村地区。这组数据正好说明，这里的村民逐渐脱离早期的生活水平阶段，并且正在迈向下一个更高水平的阶段。

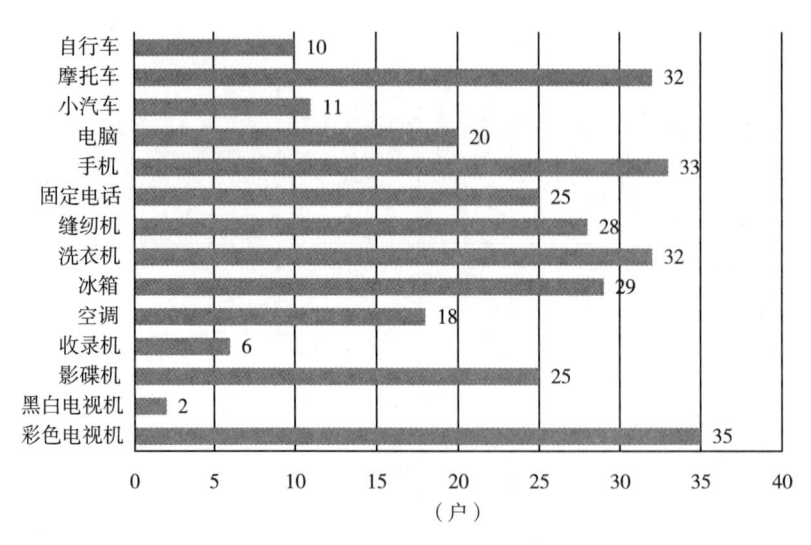

图中数据：自行车 10；摩托车 32；小汽车 11；电脑 20；手机 33；固定电话 25；缝纫机 28；洗衣机 32；冰箱 29；空调 18；收录机 6；影碟机 25；黑白电视机 2；彩色电视机 35。（横轴单位：户）

图 4-6　2010 年化山村拥有各种耐用消费品的样本农户数

资料来源：根据调查统计数据整理制作。

同样能够证明这一点的是电脑以及网络的普及程度。该样本中拥有电脑的农户数为 20 户，拥有总量为 24 台。这说明有些家庭已经拥有了不止一台电脑。至于网络的连接情况，则是基本上有电脑的人家都能上网。信息时代网络至关重要，不管是传播新闻资讯，还是文化知识。因此，较高的入网率意味着村民接触各类知识的门槛正在不断降低。

二　饮用水和炊事能源情况

水是生命之源。饮用水更是人们日常生活的必需品。本次调查中，我们将饮用水分为自来水（入户管道水）、江河湖水、池塘水、雨水、浅井水、深井水和其他七种类型。在本次调查样本中，24 户接有入户管道水，占总数的 67%。在没有接入户管道水的 12 家农户中，主要的饮用水来源是江河湖水，其次是井水。由于干旱问题，在本次调查过程中有两户村民表示遭遇过饮水困难问题。

与水相对的，火作为五行之一，也非常重要。火是日常炊事用能源的代表。随着电力服务的普及，用电范围已经慢慢开始扩大。

本次调查中，我们将炊事用能源分为七类：煤、柴草、煤气或天然气、沼气、电、太阳能和其他。样本中村民使用的主要炊事能源为柴草、煤气或天然气、电这三种。具体比例见图4-7。

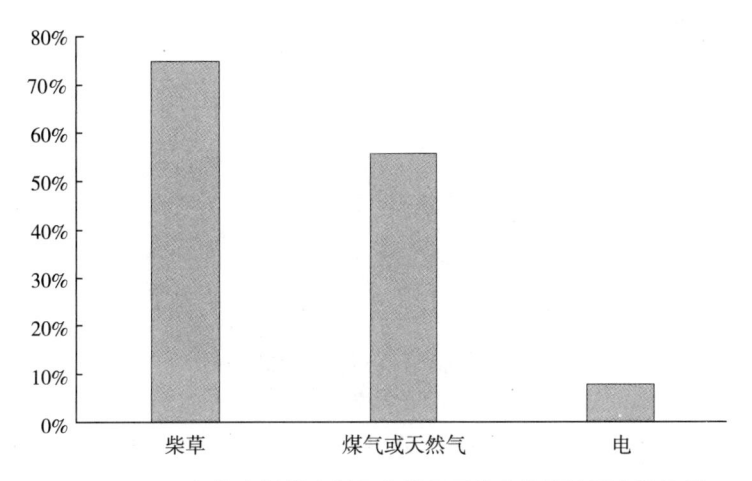

图4-7　2010年化山村样本村民各类主要炊事能源的用户数比例

　　注：因化山村部分农户在使用炊事能源时存在使用两类以上能源的情况，例如，部分农户做饭时有时使用柴草，有时使用煤气或天然气，有时还使用电。故上图中三者比例之和不为100%。

　　资料来源：根据调查统计数据整理制作。

从图4-7可以看出，柴草仍然是当地村民生活最重要的炊事能源。这一方面是因为化山村周围树林多，可以提供很多柴草；另一方面也是因为用柴草炊事的厨灶等设施的更新换代需要一定的时间。

在第二位的炊事能源中，使用煤气或天然气的农户数为20户，占总户数的56%。另外，值得指出的是，已经有一家农户开始使用太阳能作为炊事能源的次选。可见，村民对于新鲜事物的了解及接受非常快速。这一方面归功于旅游业的发展使外来游客带来很多资讯，另一方面也归功于网络传播的知识。

能源的使用主要是炊事和取暖两大方面。上述介绍了炊事的相关情况，接下来介绍取暖的相关情况。

本次调查中，在"取暖（或者说调温）的设施"这一项上设置了火炕、空调、炉子、暖气、无和其他五种个选项。由于该地区没有暖气供应，所以"暖气"一项没有农户选择。其他选项的情况详见图4-8。

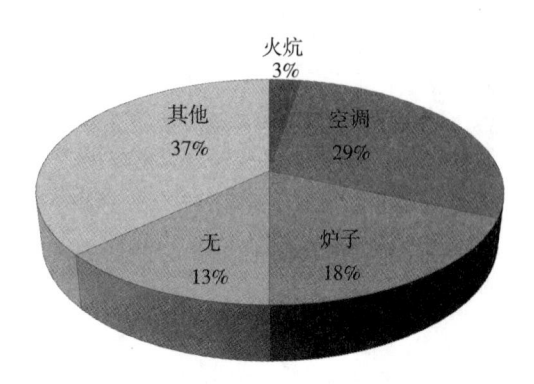

图4-8　2010年化山村样本村民各类取暖设施的用户数比例

资料来源：根据调查统计数据整理制作。

从图4-8中可以看出，空调是主要的取暖设施，其次是炉子。另有一部分农户没有取暖设施。

生活包括各个方面。人们的排泄虽为大众忌讳谈论，但是也非常重要。不仅排泄本身重要，而且排泄物的处理更加关系卫生和健康。

家庭厕所的进化史在某种程度上反映一个地区的文明程度。有些学者研究不同国家的文化差异的时候，发现往往是越发达的国家，其厕所越是干净卫生。比如，有人就觉得在日本上厕所真的是一种享受。因此，厕所的类型在一定程度上也反映了生活的质量。本次调查中，除了三家数据缺失外，11户使用旱厕，22户使用水冲式厕所。

粪便处理的方式与厕所类型是互相联系的，使用水冲式的家庭都是管道排放，集中处理。除了一户使用旱厕的村民无处理外，其他家庭全部用于农家积肥。

三　文化生活情况

当然，除了物质生活外，随着收入水平的增加，人们的精神生活或文化生活也不断丰富，正所谓"仓廪实而知礼节，衣食足而知荣辱"。人们常常说的"人活着不是为了吃饭"，其实就是指文化精神生活的重要性。

本次调查中，主要设置了"是否购买订阅报纸杂志""是否购买书籍（非子女学习用）"和"是否有固定途径借阅书刊"三个问题，从一个侧面去了解样本中村民们的文化生活情况。根据统计，12户家庭当年购买或订阅过报纸杂志。在这方面的花费从最低的60元到最高的600元不等。10户家庭在为子女购买学习用书之外，还购买过其他书籍。这方面的花费从100元到500元不等。20户家庭有固定的途径借阅书刊。这里的固定途径是指对全村村民开放的村委会图书室。

第五章

教育、医疗及社会保障状况

第三章分析了本次调查样本中人口受教育程度的相关情况。从流量和存量两个角度看，受教育程度反映的是一个类似存量的情况，指的是当前人口的文化水平。上学难易程度则类似流量的概念，指的是上学花费高低以及辍学情况等。上学难易程度决定了未来人口的受教育程度或文化水平。

教育是一项长期投资，不管是学习知识，还是提高文化素质带来收益，都要经过相当长的时间才能显现效果。医疗和社会保障则是当下可以享受的，并直接影响人们的身体健康和生活质量。

第一节 子女教育状况

一 子女上学费用来源及辍学情况

本次调查样本中，在"是否曾多次为子女上学借钱"这个问题上，回答"是"的村民有8户。除了一户是从商业银行贷款外，其余都是向亲戚朋友借的。具体来讲，亲戚朋友之间的借款金额都是较小的，从400元到1000元不等。而商业银行贷款的那户家庭借了10000元。由于村民们在亲戚朋友之间的互助，本次调查样本中，没有出现辍学情况。

二 在校生的人数与构成

在本次调查样本中共有 157 人，其中在校生有 34 人，约占 22%。其中男生 13 人，女生 21 人。在校男女生比例各为 38% 和 62%，因而从总人数上看男生比例远小于女生。在这些在校生中，受教育程度从小学到大专及以上，各个层次的人都有。详细情况见图 5-1。

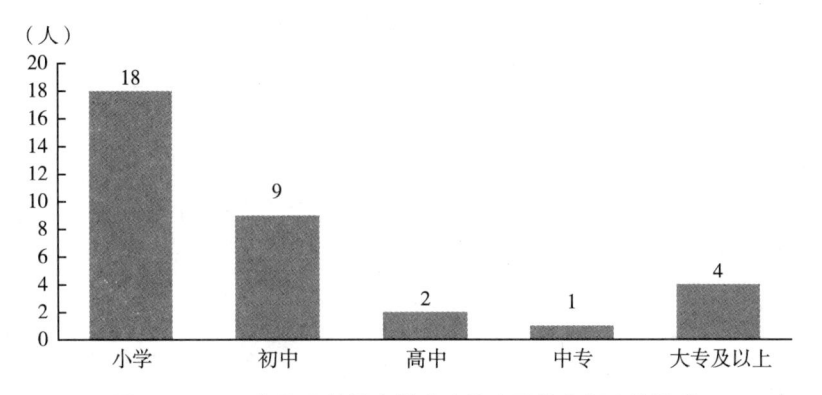

图 5-1　2010 年化山村调查样本在校生受教育程度的构成

资料来源：根据调查统计数据计算整理。

从图 5-1 可以看出，本次调查样本中的在校生最多的是小学生，有 18 人，占总在校生人数的 53%。其次为初中生，有 9 人，占总在校生人数的 26%。第三位的是大专及以上程度的学生，有 4 人，占 12%。高中生和中专生分别只有 2 人和 1 人。当然，这里描述的只是 2010 年这个时间点上的一个静态情况。考虑到以后小学生和初中生的升学，高中生和中专生将变成人数最多的那部分。届时，又将呈现另一番景象。

前面我们介绍了本次调查样本中在校男生少于在校女生这一情况。而具体在各个受教育阶段上又有不同的情况（见表 5-1）。

表 5-1　　　2010 年化山村调查样本在校生的性别构成　　　单位：人，%

受教育阶段	小学		初中		高中		中专		大专及以上	
性别	男生	女生	男生	女生	男生	女生	男生	女生	男生	女生
人数	7	11	3	6	1	1	1	0	1	3
比例	38.9	61.1	33.3	66.7	50	50	100	0	25	75

资料来源：根据调查统计数据计算整理。

从表 5-1 中可以看出，小学、初中和大专及以上这三个受教育阶段的在校女生仍然多于在校男生。与总体情况略有不同的只是高中生和中专生的情况。高中生男女人数相等，中专生只有男生。当然，这可能受到样本大小的影响。

三　师资情况

本次调查所在的村庄有一所幼儿园，还有一所小学——化山小学。化山小学位于双龙镇东北角，前临 311 国道，东临蛇尾河，是一所充满时代气息的袖珍式乡村小学。学校创建于 1962 年，总占地面积 2695 平方米，建筑面积 971 平方米。教职工 7 人（本科 1 人、大专 3 人、中师 2 人、高中 1 人），设 4 个教学班，在校学生 69 名。

图 5-2　化山村幼儿园正在玩耍的孩子们

图 5-3　化山村小学门口

图 5-4　化山村小学教学楼

第二节　医疗状况

人生在世，不免遭遇各种病痛。从新中国成立初赤脚医生奔走于乡间，到改革开放后农村建立诊所医院，反映了经济的发展、时代的进步，医疗条件的逐渐改善。

一　我国农村医疗史上的一大发展

从新中国成立到 1965 年，我国农村医疗状况一直没有实质的改善。在 1965 年毛泽东主席做了关于卫生工作的"6·26 指示"

后，农村有了很多赤脚医生，医疗情况得到了很大的改善。

"6·26指示"放低了农村医生的准入门槛。由于医疗行业关乎生命健康的特殊性，医生一般要在接受多年的教育后才能开始从事医疗工作。但农村过去医疗状况很糟糕，能治疗小病小痛就是很大的改善。而简单的基础医疗工作，并不需要那么多年的学习，往往在实践中就能提升医术。因此，放低门槛降低了从事医疗行业的成本。

另外，当时实行工分制，赤脚医生靠提供医疗服务领取工分。杨念群的《再造"病人"：中西医冲突下的空间政治（1832—1985）》一书中，收集了大量资料，表明当时赤脚医生的实际收入高于一般的社员。这些医生在有的地方除了拿最高的工分外，还外加一成。

从以上两方面，我们看到，成本下降，收入上升，使相对价格真实地反映了当时医疗服务的供求状况，进而调动了很多人力物力进入这一领域。最终，农村医疗也得以改善。

赤脚医生制度是我国农村医疗史上的一大发展。这场变革成功地提高了农民的生活质量。

二 医疗卫生的一般情况

本次调查通过家中慢性病患者人数、当年接受常规体检人数、正常情况下的年均医疗支出以及儿童的接种疫苗情况去了解样本农户医疗卫生的一般情况。

慢性病全称慢性非传染性疾病，主要指以心脑血管疾病（高血压、冠心病、脑卒中等）、糖尿病、恶性肿瘤、慢性阻塞性肺部疾病（慢性气管炎、肺气肿等）、精神异常和精神病等为代表的一组疾病。

本次调查样本中共有13户村民报告说家中存在慢性病患者。患者人数有的是一人，有的则是三人。具体的情况见图5-5。

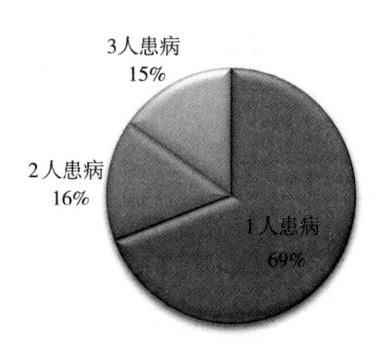

图 5-5 2010 年化山村调查样本家庭成员慢性病患者情况

资料来源：根据调查统计数据计算整理。

从图 5-5 可以看到，在有慢性病患者的农户中，家庭成员中有一人患有慢性病的农户占了 69%。有两名患者和三名患者的农户各占 16% 和 15%。

疾病是预防胜于治疗的，慢性病尤其如此。我们将疾病的预防分为三级：

第一级预防也叫初级预防，包括自我保健和健康教育，主要是针对致病因子（或危险因素）采取的措施，即在致病因子尚不明确或尚未出现之前，为保持健康体魄而采取的各种措施。第一级预防还包括保护和改善环境，旨在保证人们生产和生活区的空气、水、土壤不受工业三废（废气、废水、废渣）和生活三废（粪便、污水、垃圾）以及农药、化肥等的污染。

第二级预防又称"三早"预防，即早发现、早诊断、早治疗。为了保证"三早"的落实，可采用普查、筛检、定期健康检查、高危人群重点项目检查以及设立专科门诊等措施。

第三级预防主要是对症治疗，防止病情恶化，减少疾病的不良作用，防止复发转移，预防并发症和伤残；对已丧失劳动力或残废者，通过康复治疗，促进其身心方面早日康复，使其恢复劳动力，病而不残或残而不废，保存其创造精神价值和社会劳动价值的能力。

对于本次调查所在地化山村，由于环境保护较好，因此第一级预防工作相对减轻。预防的重点就落在了第二级预防。其中常规体检又是第二级预防的重点。

常规体检，就是为了让自己掌握自身健康状况而进行的定期健康检查。一般说来，接受常规检查能够做到早发现、早治疗，防微杜渐，将病症消灭在萌芽阶段。

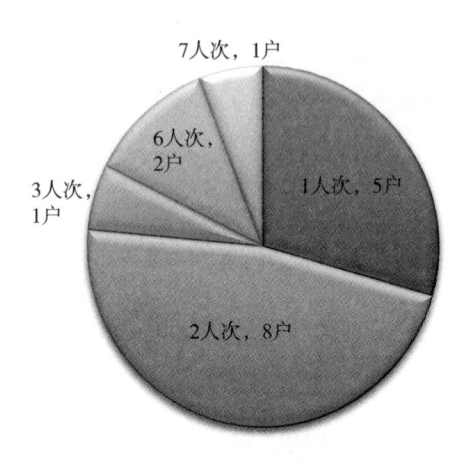

图 5-6　2010 年化山村调查样本农户家庭接受常规体检人次

资料来源：根据调查统计数据计算整理。

在本次调查样本中，有 17 户农户报告当年接受了常规体检，占总户数的 47%。在这些接受体检的家庭中，有 8 户家庭体检人次为 2 人次，5 户体检人次为 1 人次，2 户体检人次为 6 人次，体检 3 人次和 7 人次的也各有 1 户。有的家庭接受常规体检的人次较多，如六七人次，主要是由于农村家庭的规模较大，六七口人全部接受体检。

当然，如果第二级预防没有做，或者没有成功，那么第三级预防就必须进行了。为了防止病情恶化，对症治疗已经是最后一步了。由于农村的收入水平、医疗状况以及讳疾忌医心理等因素，村民们往往有病就拖着，不到万不得已不去就医。所以，第三级预防对于很多农户来说也很重要。

在本次调查中，由于家庭规模、家庭成员健康状况不同，村民们的年均医疗支出从 100 元到 13000 元不等。19 户家庭报告了年均医疗支出，占总样本的 53%，具体情况见图 5-7。

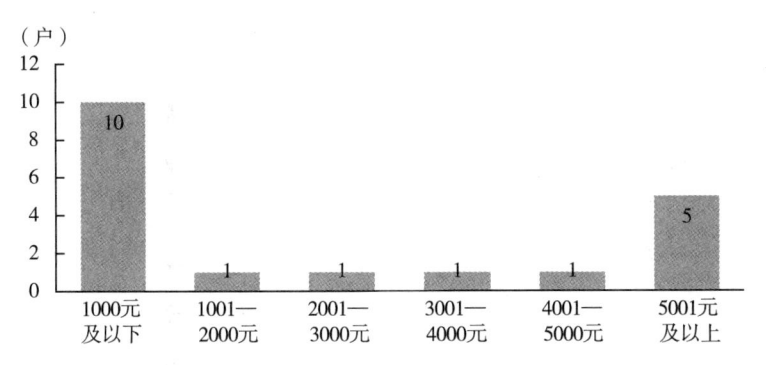

图 5-7　2010 年化山村调查样本农户的年均医疗支出分布情况

资料来源：根据调查统计数据计算整理。

从图 5-7 可见，该样本中大多数村民的年均医疗支出只有 1000 元及以下。这一方面可能是这些村民的病情不严重；另一方面也可能是这些村民病情严重，但是负担不起高端医疗服务，只能买一些药物减轻病痛。另有一些家庭年均医疗支出在 5001 元及以上。

至于儿童接种疫苗、打预防针的情况，除了三户家庭没有能够报告情况外，其余农户的情况如图 5-8 所示。

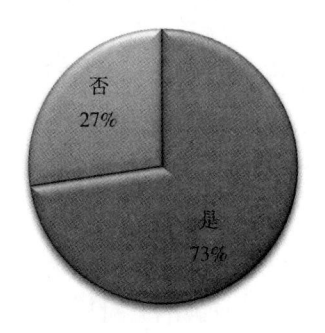

图 5-8　2010 年化山村调查样本农户儿童接种疫苗、打预防针的情况

资料来源：根据调查统计数据计算整理。

如图 5-8 所示,在提供数据的农户中,73%的农户为儿童接种了疫苗、打了预防针,27%的农户没有接种。再仔细查阅这些没有接种的农户家庭的子女的年龄,我们发现全都已经超过 20 岁,如表 5-2 所示,这些子女已经无须接种疫苗。也就是说,这些报告没接种疫苗的农户,是因为子女年龄已经大了,无须再接种疫苗了。

表 5-2　　　　　　　　儿童疫苗接种时间

年龄	接种疫苗	可预防的传染病
出生 24 小时内	乙型肝炎疫苗(1)	乙型病毒性肝炎
	卡介苗	结核病
1 月龄	乙型肝炎疫苗(2)	乙型病毒性肝炎
2 月龄	脊髓灰质炎糖丸(1)	脊髓灰质炎(小儿麻痹)
3 月龄	脊髓灰质炎糖丸(2)	脊髓灰质炎(小儿麻痹)
	百白破疫苗(1)	百日咳、白喉、破伤风
4 月龄	脊髓灰质炎糖丸(3)	脊髓灰质炎(小儿麻痹)
	百白破疫苗(2)	百日咳、白喉、破伤风
5 月龄	百白破疫苗(3)	百日咳、白喉、破伤风
6 月龄	乙型肝炎疫苗(3)	乙型病毒性肝炎
8 月龄	麻疹疫苗	麻疹
15 月龄—2 岁	百白破疫苗(加强)	百日咳、白喉、破伤风
	脊髓灰质炎糖丸(部分)	脊髓灰质炎(小儿麻痹)
4 岁	脊髓灰质炎疫苗(加强)	脊髓灰质炎(小儿麻痹)
7 岁	麻疹疫苗(加强)	麻疹
	白破二联疫苗(加强)	白喉、破伤风
12 岁	卡介苗(加强,农村)	结核病

注:括号中的数字是表示接种针(剂)次。

资料来源:http://www3liancom/zl/2010/06-25/16733htm。

三　近五年大病住院情况

近五年大病住院情况,反映的是村民医疗卫生状况的另一个侧面,即当遭遇大病需要住院时,是否负担得起、是否治愈等情况。由于村民们收入水平的上升,以及新型农村合作医疗的普及,在本次调查样本中，没有家庭因为收入问题延误治疗。具体情况详见表5--3。

表5-3 化山村调查样本农户家庭成员近五年大病住院情况

单位：天，元

户编号	家庭成员	患病类型	在哪里治疗	住院时间	治疗结果	治疗总支出	治疗借款	新农合报销
HS-001	子女	血管畸形	国内省外医院	60	好转	150000	0	20000
HS-009	父母	偏瘫	县医院	12	好转	5000	2000	1000
HS-016	父母	发烧	县医院	14	痊愈	2000	0	400
HS-017	户主	骨折	省内县级以上医院	7	痊愈	6000	0	1800
HS-019	户主	脑血栓	县医院	80	好转	23000	8000	6000
HS-020	户主	—	县医院	60	痊愈	10000	0	500
HS-023	孙子女	腿骨折	县医院；省内县级以上医院	200	先恶化转院后痊愈	10000	0	—
HS-024	子女	高血压	县医院		好转	—	—	—
HS-025	户主	心脏病	省内县级以上医院	30	好转	5000	1000	200
HS-028	配偶	鼻炎	县医院	10	好转	2500	0	0
HS-028	父母	食道炎	县医院	10	好转	3000	0	0
HS-029	祖父母	阑尾炎	乡镇卫生院	7	痊愈	1700	0	700
HS-030	户主	白内障	县医院	7	痊愈	3000	2000	500
HS-030	配偶	胃病	县医院	20	痊愈	5000	3000	2000
HS-032	子女	骨质疏松	县医院	25	好转	8000	0	2000
HS-034	配偶	偏瘫	县医院	6	没变化	3000	200	800
HS-035	孙子女	割多指	县医院	10	痊愈	2100	1500	600

资料来源：根据调查统计数据计算整理。

与以往的调查不同的是，本次调查添加了"新农合报销"一项。"新农合",即"新型农村合作医疗"的简称,是指由政府组织、引导、支持,农民自愿参加,个人、集体和政府多方筹资,以大病统筹为主的农民医疗互助共济制度。它采取个人缴费、集体扶持和政府资助的方式筹集资金。

20世纪70年代末80年代初,由于农村合作社体制的逐步解体,以及"工分制"瓦解,赤脚医生无法通过从事医疗活动来换取工分进而获得粮食等其他生活资料,于是丧失了行医的动力。另外,合作社的瓦解使村内卫生所失去了正常运营所需的资金来源,村内的公共卫生机构无以为继。因此,在一般人的印象中,80年代以后,农村的赤脚医生就消亡了。但2003年进行的第三次全国卫生服务调查却指出,农村地区53.5%的患者仍在村级卫生机构看病。这是由于很多赤脚医生慢慢转变成了乡村医生。根据2004年1月1日开始实施的《乡村医生管理条例》第二条,乡村医生指的是,"尚未取得执业医师资格或者执业助理医师资格,经注册在村医疗卫生机构从事预防、保健和一般医疗服务的"医生。与赤脚医生靠集体工分吃饭不同,乡村医生靠给个体患者看病获取现金收入。赤脚医生之间的收入差距较小,而乡村医生之间的差距可能很大:肯干、能干、服务好的,与医术平平、态度又不那么好的乡村医生之间,收入差距逐渐拉大。更可能的一个结果是,好的乡村医生在穷地方留不住,都去了发展较好的地方。也就是说,当年"6·26指示"让很多人才下了乡为农民提供医疗服务,改革开放之后,医疗人才又跟随着经济发展的大潮重新聚集回大城市了。因此,农民能获得的医疗服务水平停滞不前甚至倒退。在这个背景下,新合作医疗的出台显得十分必要。从2003年起,新型农村合作医疗制度在全国部分县(市)试点,而到2010年的时候已经实现基本覆盖全国农村居民。

将表5-3中的数据加以整理和计算,我们能够知道,在这些家庭中,治疗总支出从1700元到15万元不等,但多数在1万元以下。此外,所有这些患者的医疗总支出里,借款占了7.4%,而

"新农合"报销则占了15.3%,是借款的二倍有余。这一总体情况反映了"新农合"对该样本中村民享受医疗服务的大概影响。

在本次样本中,有17户家庭报告近五年有大病住院情况,占总户数的47%。其中患病的家庭成员是户主的有5户,患病的是父母、配偶和子女的分别有3户,患者是孙子女的有2户,患者是祖父母的有1户。在这些患者中,心脑血管疾病占多数。至于治疗的地点,县医院占了绝大多数,有12户,占总患者户数的71%。另外,除了4户家庭患者住院的时间超过一个月,其余都在一个月之内。

治疗结果方面,除了两户报告比较特殊,其他家庭都报告成病情好转或者痊愈。这两户特殊家庭,一户报告没有变化,患的是偏瘫;另一户则是腿骨折,由于先在县医院治疗,病情恶化,之后转到省内县级以上医院治疗后痊愈。

由于县级以上医院负担较重,因此如果不是特别严重的病,或者说特别复杂的手术,村民们也不会去。在本次调查中,有一户去了国内省外医院治疗子女的血管畸形;另一户的户主去了省内县级以上医院治疗心脏病;还有一户的户主去了省内县级以上医院治疗骨折。

第三节 社会保障情况

我国的社会保障体系,包括社会保险、社会福利、社会救助、社会优抚四个方面。这些内容相互联系、相辅相成,构成了一个社会的"安全网"。

社会保险在社会保障体系中居于核心地位,目的是保障基本生活需要。社会保险的对象是法定范围内的社会劳动者。

社会救助属于社会保障体系的最低层次,目的是保障被救助者的最低生活需要,救助对象主要是失业者、遭到不幸者。

一 养老保险和"新农保"

南阳市新型农村养老保险试点涉及社旗、西峡、南召、方城、淅川五县。南阳市县两级党委、政府十分重视民生问题,积极申请并实行"新农保"试点工作。一是广泛动员,大力宣传。通过各种方式,宣传"新农保"政策及具体实施办法,动员广大农民积极参加新农保,确保参保率。二是成立相关机构,实行信息化办理业务,加强基金管理,确保基金安全。三是实行社会化发放,保证农民养老金及时发放到位。

据审计统计,2010 年度,五个试点县参保人数 161.22 万人,应保人数 177.71 万人,实际缴费人数 121.47 万人,领取养老金人数 39.85 万人。2010 年度养老保险基金收入 35358 万元,支出 16381 万元,当年结余 18977 万元,上年结余 10370 万元,累计结余 29347 万元。

2010 年 1 月 21 日,西峡县政府印发了《西峡县新型农村社会养老保险试行办法》(西政办〔2010〕2 号)。希望通过采取个人缴费、集体补助和政府补贴相结合的方式,多渠道筹集资金,建立新型农村社会养老保险制度。

根据这份文件,凡 16 周岁至 60 周岁(不含在校学生),未参加其他社会养老保险的农村居民均在新型农村社会养老保险的参保范围。对于参保缴费起始日已经年满 60 周岁以上的人员,不需要缴纳养老保险费,只要本人家庭子女按规定参保并正常缴费者,即可享受基础养老保险金补贴待遇。这一制度称为"农村老年农民养老补贴制度",其中补贴部分称基础养老金。在这一制度下,自"新农保"启动之日起,年满 60 周岁以上且未享受其他养老保险待遇的,不用缴费,每人每月享受 60 元基础养老金,其中:国家补贴 55 元,县政府补贴 5 元。

根据当地实情,新型农村社会养老保险的缴纳标准设置了 9 个档次:每年 100 元、200 元、300 元、400 元、500 元、700 元、1000 元、1500 元、2000 元。参保人可以自主选择缴费档次,多缴多得;参保累计缴费不少于 15 年。

文件对一些特殊家庭的待遇做出了规定。农村计生独生子女户和双女户参保的家庭，其父母年龄在40—59周岁的，对其个人缴费每人每年分别补贴120元、60元。而年满60周岁的独生子女家庭父母和双女户家庭父母，则每人每月补贴基础养老金25元。另外，县财政为重度残疾人代缴每人每年100元养老保险费。

在本次调查样本中，40人在16周岁以下，16人在60周岁以上，参加农村社会养老保险的人数为93人，占总样本人数157人的59%；所有村民均参加了农村新型合作医疗。另外，本次调查样本中没有村民购买商业医疗保险。

二 社会救助情况

2003年11月18日，民政部、卫生部和财政部三部委联合发布了《关于实施农村医疗救助的意见》。农村医疗救助制度是政府拨款和社会各界自愿捐助等多渠道筹资，对患大病的农村五保户和贫困农民家庭实行医疗救助的制度。救助对象包括两类：一是农村五保户或农村贫困户家庭成员；二是地方政府规定的其他符合条件的农村贫困农民。对于已经开展新型农村合作医疗的地区，资助医疗救助对象缴纳个人应负担的全部或部分资金，参加当地合作医疗，享受合作医疗待遇。因患大病经合作医疗补助后个人负担医疗费用过高，影响家庭基本生活的，再给予适当的医疗救助。而对于尚未开展新型农村合作医疗的地区，对因患大病个人负担费用难以承担，影响家庭基本生活的，给予适当医疗救助。此外，国家规定的特种传染病救治费用，也按有关规定给予补助。在本次调查样本中，共有28人享受过当地的医疗救助，占样本总人数的17.8%。

本次调查样本中的村民，参加城镇基本养老保险的人数为6人，得到集体养老金的人数为2人，领取最低生活保障金的人数为4人，还有一户五保户。

第六章

农户收支情况

前面几章分析了人口与就业、财产拥有与生活状况以及教育医疗与社保状况，均与农民的收入支出息息相关。本章具体分析本次调查样本村民的收支情况及其反映的农户生活质量。从调研数据的分析结果看，化山村农户收入主要来源与支出主要用途均与以农家宾馆为主的旅游服务业密切相关。

第一节 全年总收入

在本次调查中，我们将全年总收入分为四大组成部分：(1) 家庭经营收入；(2) 工资性收入；(3) 财产性收入；(4) 转移性收入。其中，家庭经营收入又分为三大产业的收入。工资性收入分为在本乡地域的劳动收入、外出从业所得收入以及在非企业组织中劳动的收入。财产性收入分为租金、利息、股息、红利和土地征用补偿。转移性收入则包括各种补贴和救济项目。本次调查样本中农户的收入总体情况详见表6-1。

从表6-1可以看出，绝大多数的样本村民的收入主要来自家庭经营收入。整个样本总体来讲，从四大收入来源各自所占总收入的比重来看,家庭经营收入占了91%,其次是工资性收入,占了7%。再次是转移性收入,占了1%,财产性收入占比不到1%。

表6-1　　2010年化山村调查样本农户的收入总体情况　　单位:元

户编号	家庭经营收入	工资性收入	财产性收入	转移性收入	全年总收入
HS-001	400000	20000	0	0	420000
HS-002	20000	15000	160	160	35320
HS-003	15000	20000	0	180	35180
HS-004	80000	0	0	120	80120
HS-005	150000	0	0	0	150000
HS-006	600	0	0	0	600
HS-007	20000	50000	0	200	70200
HS-008	20700	0	0	2100	22800
HS-009	400	3000	0	120	3520
HS-010	100000	0	0	0	100000
HS-011	1100000	0	1600	0	1101600
HS-012	4000	0	0	120	4120
HS-013	40000	0	0	800	40800
HS-014	20000	20000	0	0	40000
HS-015	60000	30000	0	180	90180
HS-016	30000	0	0	200	30200
HS-017	50000	0	0	0	50000
HS-018	45000	5000	0	0	50000
HS-019	140000	0	1000	20150	161150
HS-020	80000	5000	0	20130	105130
HS-021	80000	50000	0	0	130000
HS-022	33000	0	0	60	33060
HS-023	100000	0	0	0	100000
HS-024	61000	0	0	0	61000
HS-025	700	0	0	1440	2140
HS-026	60000	0	0	220	60220
HS-027	190000	0	0	300	190300
HS-028	56000	5000	0	500	61500
HS-029	20000	0	0	0	20000
HS-030	30000	0	0	0	30000
HS-031	45000	0	0	3180	48180

续表

户编号	家庭经营收入	工资性收入	财产性收入	转移性收入	全年总收入
HS-032	33600	13600	0	0	47200
HS-033	10000	10000	0	0	20000
HS-034	3500	0	0	30	3530
HS-035	12000	10000	0	220	22220
HS-036	80000	0	0	0	80000
总计	3190500	256600	2760	50410	3500270
所占比重	91.15%	7.33%	0.08%	1.44%	100%

注：数据为 0 的，有些是由于本身报告数据即为 0，也有些是由于没有报告。

资料来源：根据调查统计数据计算整理。

接下来进一步分析前两大收入来源——家庭经营收入和工资性收入。

表 6-2　2010 年化山村调查样本农户的家庭经营收入构成　　单位：元

户编号	第一产业收入	第二产业收入	第三产业收入	家庭经营收入
HS-001	0	0	400000	400000
HS-002	0	0	20000	20000
HS-003	15000	0	0	15000
HS-004	50000	0	30000	80000
HS-005	0	0	150000	150000
HS-006	600	0	0	600
HS-007	0	0	20000	20000
HS-008	20700	0	0	20700
HS-009	400	0	0	400
HS-010	0	0	100000	100000
HS-011	0	0	1100000	1100000
HS-012	4000	0	0	4000
HS-013	0	0	40000	40000
HS-014	0	0	20000	20000
HS-015	0	0	60000	60000
HS-016	0	0	30000	30000
HS-017	0	0	50000	50000

续表

户编号	第一产业收入	第二产业收入	第三产业收入	家庭经营收入
HS-018	0	0	45000	45000
HS-019	20000	0	120000	140000
HS-020	20000	0	60000	80000
HS-021	0	0	80000	80000
HS-022	3000	0	30000	33000
HS-023	0	0	100000	100000
HS-024	21000	0	40000	61000
HS-025	400	0	300	700
HS-026	30000	0	30000	60000
HS-027	80000	0	110000	190000
HS-028	46000	0	10000	56000
HS-029	20000	0	0	20000
HS-030	30000	0	0	30000
HS-031	45000	0	0	45000
HS-032	0	3600	30000	33600
HS-033	0	0	10000	10000
HS-034	3500	0	0	3500
HS-035	9000	0	3000	12000
HS-036	50000	0	30000	80000
总计	468600	3600	2718300	3190500
所占比重	14.69%	0.11%	85.20%	100%

注：数据为0的，有些是由于本身报告数据即为0，也有些是由于没有报告。

资料来源：根据调查统计数据计算整理。

从表6-2的数据中，我们可以看到，第一产业和第三产业是本次调查样本中农户家庭经营收入的主要来源，而第三产业又是最主要的来源，占了总收入的85%。第一产业的收入占比接近15%。在化山村，第三产业主要为以农家宾馆为主的住宿餐饮等旅游服务业。

工资性收入是本次调查样本中村民总收入的第二大来源。其具体构成见图6-1。

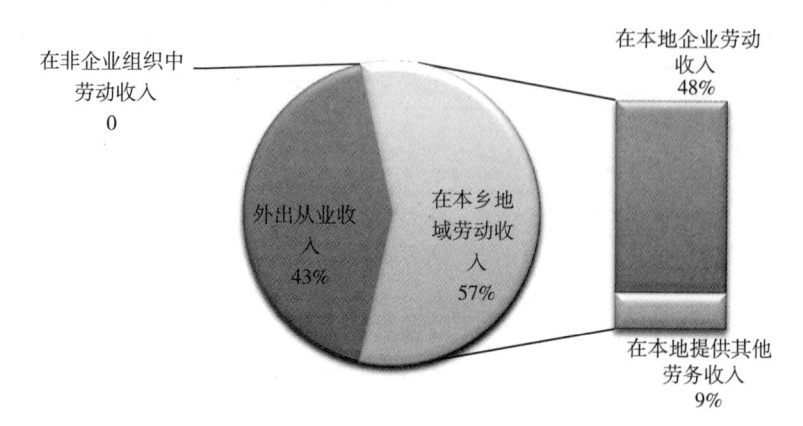

图 6-1 2010 年化山村调查样本村民工资性收入的构成

资料来源：根据调查统计数据计算整理。

由图 6-1 可见，在村民们的工资性收入中，最重要的来源是在本乡地域的劳动收入，占了整个样本工资性收入总和的 57%。其次是外出从业收入，占了 43%。而在非企业组织中的劳动收入则为 0。其中，在本乡地域的劳动收入又分为在本地企业的劳动收入和在本地提供其他劳务所得收入。具体来说，在本地企业劳动所得的收入，占了工资性收入总和的 48%；在本地提供其他劳务所得收入，占 9%。因此，在本地企业劳动所得的收入是本次调查样本中村民的工资性收入中最主要的来源。

第二节 全年总支出

一 总支出构成

在本次调查中，我们将村民的支出分为四个主要部分：家庭生产经营费用支出、生活消费支出、生活用能源消费支出以及其他支出。在家庭生产经营费用支出中，除了再划分为在三大产业各自的生产费用支出，还另外单独调查了能源支出。生活消费支出则包括食品消费总支出、衣着消费支出、交通通信消费支出、医疗保健消费支出、家庭设备/用品消费支出、文化教育/娱乐消费支出、服务消费支出、水费支出以及其他商品支出。生活用能源消费支出也再细分为生活用电数量及金额、生活用煤及煤制品数量及金额、生活用煤气、液化气、天然气数量及金额、生活用汽油品数量及金额、生活用柴油品数量及金额、生活用柴草数量及金额。另外，其他支出则分为财产性支出和转移性支出。该样本村民的四个主要支出构成情况详见图6-2。

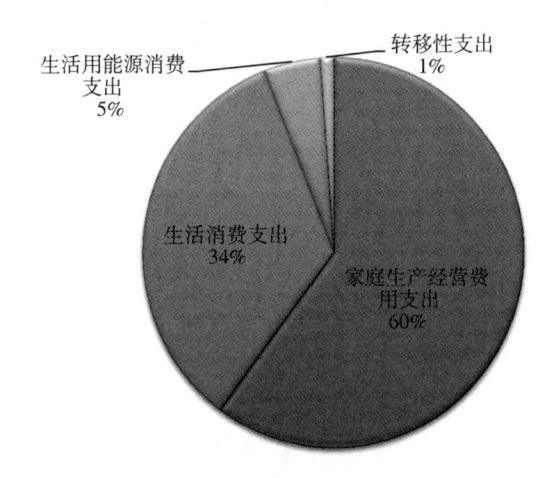

图6-2　2010年化山村调查样本村民各项支出的构成

注：该样本中没有村民报告财产性支出，故其他支出直接代之以转移性支出。

资料来源：根据调查统计数据计算整理。

从图6-2可以看出，本次调查样本总体来看，在四大支出构成中，家庭生产经营费用支出是最主要的，占了总支出的60%。在化山村，家庭生产经营费用支出以农家宾馆住宿餐饮等旅游服务业为主。其次是生活消费支出，占了34%。因此，该样本中村民的支出几乎全部用在了家庭生产经营和生活上。另外，生活用能源消费支出占了5%，转移性支出占了1%。

对于一项收入，我们可以有两种处理。一种是直接用于生活消费，另一种就是用于生产消费。后者是为了将来获得更多的收入从而满足以后的生活消费。在经济学中，我们一般把前者称为消费，后者称为投资。

在本次调查样本中，生产经营费用可以看作是投资。这样，该样本中村民总体的投资消费比就是3∶2。也就是说，村民们把更多的钱用于投资而非当下的生活消费享受。

这是与人们对未来生活的良好预期密切相关的。如果预期将来我国的经济发展很糟糕，那么谁也不肯投资，因为那样很可能连本都收不回来。只有村民们对未来的中国经济发展有着很强的信心，才可能去投资。

当然，村民们的投资支出可能来源于自己的储蓄，也可能来源于他人的储蓄。他人的储蓄包括乡土社会里亲戚朋友的储蓄，也包括银行里素昧平生的陌生人的储蓄。前者可以称为农村的金融互助，后者则是现代金融的一个主要项目，即银行贷款。至于资金来源情况，详见后面章节的进一步分析。

二 家庭生产经营费用支出

表6-3反映的是样本中村民的家庭生产经营费用支出总体情况。本次调查样本中的村民们几乎没有从第二产业获得收入。对应地，在第二产业的生产费用支出也就自然为0。类似地，第三产业的生产费用支出是村民们支出的最主要部分，这与化山村农户农家宾馆经营相关。第一产业的生产费用支出相对次要。具体来说，样本总体的第三产业生产费用占了总体生产经营费用支出的88%；第一产业生产费用支出占了总体生产经营费用支出的12%。

表6-3　2010年化山村调查样本农户的家庭生产经营费用支出　　单位：元

户编号	第一产业生产费用支出	第二产业生产费用支出	第三产业费用支出	生产经营费用支出	能源支出
HS-001			100000	100000	2000
HS-002			1000	1000	1000
HS-003	4000			4000	
HS-004	30000		15000	45000	24000
HS-005			30000	30000	

续表

户编号	第一产业生产费用支出	第二产业生产费用支出	第三产业费用支出	生产经营费用支出	能源支出
HS-006	400			400	
HS-007					
HS-008	14000			14000	
HS-009					
HS-010			50000	50000	
HS-011			1000000	1000000	20000
HS-012	300			300	
HS-013			10000	10000	2000
HS-014	500		3000	3500	3000
HS-015	300		30000	30300	7000
HS-016			10000	10000	1000
HS-017					
HS-018			30000	30000	3500
HS-019	10000		70000	80000	20000
HS-020	500	0	30000	30500	
HS-021			35000	35000	3500
HS-022			20000	20000	
HS-023			50000	50000	2500
HS-024	8300		15000	23300	
HS-025					
HS-026	20000		20000	40000	200
HS-027			10000	10000	50
HS-028	20300		4000	24300	2000
HS-029	16000			16000	
HS-030	25000			25000	400
HS-031	20000			20000	
HS-032	600		20000	20600	
HS-033			10000	10000	3000
HS-034	7500	0	0	7500	
HS-035	10000			10000	
HS-036	25000	0	10000	35000	1000
总计	212700	0	1573000	1785700	96150
所占比重	11.91%		88.09%	100%	5.38%

资料来源：根据调查统计数据计算整理，空白处为空缺。

由于第二产业相对其他产业耗能更多，而本样本中第二产业又几乎没有生产费用支出，因此能源支出占比不会很大。根据调查数据显示，本次调查样本中村民的能源支出只占了生产经营费用支出的5%。

值得一提的是，接受调查的村民对温室效应及其影响有所了解。在本次调查过程中，调查员在询问调查表中的所有问题之后，还另外附加提了一些关于温室效应的问题。结果发现，村民们对这个新事物几乎都有一定的认识。

其实，这与我国各级政府机关的宣传工作是分不开的。在温室效应变得明显之前，我国中央领导人就已经开始讨论发展方式的转变，从原来高耗能高污染的粗放型经济发展方式，转变为低耗能低污染的经济发展方式。为了避免走其他老牌工业化国家先污染再治理的道路，我国政府不管在实际经济工作中，还是在宣传工作中，都花了很大财力和精力去解决发展经济和环境保护之间的平衡问题。

三 生活消费总支出

人们辛辛苦苦搞生产的最终目的是维持和改善生活。只不过在市场经济之下，商品化程度很高，生产基本上是为了交换。

表6-4为本次调查样本中村民们生活消费支出的情况。从表中可以看出，食品消费支出占的比重最大，为整个样本生活消费总支出的35%。其次是交通通信消费支出，占了12%。这两项开支占生活消费总支出的47%。

食品支出总额占消费支出总额的比重被称为恩格尔系数。19世纪德国统计学家恩格尔根据统计资料，得出一个关于消费结构变化的规律：一个家庭收入越少，家庭收入中（或总支出中）用来购买食物的支出所占的比例就越大，随着家庭收入的增加，家庭收入中（或总支出中）用来购买食物的支出比例则会下降。推广至国家层面，则一个国家越穷，每个国民的平均收入中（或平均支出中）用于购买食物的支出所占比例就越大，随着国家的富裕，这个比例呈下降趋势。

恩格尔系数是国际上通用的衡量居民生活水平高低的一项重要指标，一般随居民家庭收入和生活水平的提高而下降。改革开放以来，我国城镇和农村居民家庭恩格尔系数已由1978年的57.5%和67.7%分别下降到2010年的35.7%和41.1%。

联合国根据恩格尔系数的大小，对世界各国的生活水平有一个划分标准，即一个国家平均家庭恩格尔系数大于60%为贫穷，50%—60%为温饱，40%—50%为小康，30%—40%属于相对富裕，20%—30%为富裕，20%以下为极其富裕。

从食品消费支出占比35%来看，根据联合国的标准，本次调查样本中村民的生活水平属于相对富裕。

表6-4　2010年化山村调查样本农户的生活消费支出情况　　单位：元，%

户编号	消费服务性支出	食品消费支出	衣着消费支出	交通通信消费支出	医疗保健消费支出	家庭设备用品消费支出	文化教育娱乐消费支出	水费支出	其他商品服务消费支出	生活消费总支出
HS-001	0	28750	5000	10000	2000	2000	1000	500	1000	81230
HS-002	0	1000	2500	2000	1000	0	500	200	0	7200
HS-003	0	17660	2000	5000	0	200	100	0		44600
HS-004		10400	2000		2000	1500				26375
HS-005		23520	3000	15000				1000		67210
HS-006				0	1000		0	0		1000
HS-007	0	12490	3000	10000		3000	100	120	10000	52205
HS-008		2175	1000	800		100				7459
HS-009	300	1975	300	700						5425
HS-010	500	27000	4000	10000	1000	2000	12000	500		85720
HS-011	1200	30800	3000	16000						83830
HS-012			2580	600	200					6281
HS-013	0	2050	2000	2000	0	0	0	0		8735

续表

户编号	消费服务性支出	食品消费支出	衣着消费支出	交通通信消费支出	医疗保健消费支出	家庭设备用品消费支出	文化教育娱乐消费支出	水费支出	其他商品服务消费支出	生活消费总支出
HS-014	0	2450	2000	1000	0	0	0	0	0	8540
HS-015	0	8260	1500	3000	0	200	400	0	0	23010
HS-016	400	5140	2000	4000	0	0	0	0	0	17468
HS-017	0	13650	0	4400	2000	0	0	0	10000	44550
HS-018	1000	7500	5000	2000	3000	3000	500	800	0	22800
HS-019	0	13940	3000	4000	0	3000	0	0	0	40055
HS-020		10420	2000	2000	1000			1000		27870
HS-021	300	12000	7500	2360	4000	0	0	400	0	26560
HS-022		11650	2000	3000	800	0	800	400	0	31850
HS-023	0	21450	6000	1	0	0	0	0	0	51401
HS-024	0	5150	2000	2000	500	300	200	0	0	16370
HS-025		1875	0	0	0	0				4589
HS-026		5340	1000	3000	0	500		0	0	16585
HS-027	400	5895	10000	3000	0	0	0	0	0	25425
HS-028		5900	1000	700	0	200	100	0		15475
HS-029	600	5600	2000	2000	0		0		0	16460
HS-030	300	7960	1000	1600	0		0	0	0	20590
HS-031		5600	1000	1000		500				14410
HS-032	200	25060	3000	1200	3000	1500	0	200	0	61560
HS-033	0	3500	1800	2000	1000	0	0		0	8500
HS-034	0	0	200	160	6000	0	0	0	0	6360
HS-035	0	3410	200	500	0	0		0	0	8875
HS-036	200	9070	1000	4000	0	0	0	0	0	23850
总计	5400	351220	83600	118621	28300	18000	15700	5120	21000	1010423
占比	0.53	34.76	8.27	11.74	2.80	1.78	1.55	0.51	2.08	100.00

资料来源：根据调查统计数据计算整理，空白处为空缺。

交通通信费用支出占生活消费总支出的比重排在第二位，则显示了近年来我国科技发展普及程度之高，覆盖范围之广。由于交通和通信这两项消费不仅是个人买了交通工具和通信工具就可以了，还需要配套基础设施的建设，所以我国政府的作用在此处体现无遗。交通需要修路造桥，此为基础设施。通信需要基站和网络的建设，这也是基础设施。没有这些基础设施的提前建好，村民们不可能去买交通和通信工具。像印度等发展中国家，由于各方势力利益协调困难，基础设施建设一直不能落实，最终受害的还是那些老百姓。

占比排在第三位的是衣着消费支出，占了8.27%。其实，随着生活水平的提高，每个人都会更加注重自己的外在形象。正所谓"佛靠金装，人靠衣装"。对于高收入的个人来说，衣物已经脱离了原本御寒的目的，开始承担起表现自我风格等功能。

紧接着的是医疗保健消费支出，占比为2.80%。近年来，我国保健品市场异常红火。这一定程度上说明了我国居民随着收入的提高，开始关心生活质量的提高。一般农村地区居民在保健品上的消费是很少的，只有相对富裕的农村地区，该项消费的比重才有可能比较明显。

接下来是其他商品服务消费支出，占了2.08%。之后是家庭设备用品消费支出，占了1.78%；文化教育娱乐消费支出，占了1.55%。

排在最后两位的是消费服务性支出和水费支出，各占了0.53%和0.51%。

占比排在第一位的食品消费支出需要进一步分析，详细情况见表6-5。

从表6-5可以看出，在外饮食支出占了本次调查样本食品总支出的17.2%，为最主要的构成部分。这与上述从食品消费支出占总消费支出，即恩格尔系数反映的该样本村民的生活水平是一致的。只有相对富裕的村民才有可能在家庭以外的饭店酒楼解决饮食问题。

表6-5 2010年化山村调查样本农户的食品消费支出情况

单位：元,%

户编号	谷物消费	薯类消费	豆类消费	肉类消费	蛋类消费	奶类消费	蔬菜消费	水果消费	食用油消费	在外饮食支出	烟酒消费支出	其他食品支出	食品总支出
HS-001	5000	1000	600	750	400		800	500	700	15000	4000	0	28750
HS-002													1000
HS-003	1800	250	360	2250	1000	300	500	200	1000	5000	5000	0	17660
HS-004	1800	200	0	1000	500	0	1500	500	900	2000	2000	0	10400
HS-005	1000	0	300	1200	400	500	500	600	1000	3000	5000	10000	23520
HS-006													
HS-007	600	100	150	2400	540	500	1000	400	800	3000	3000	0	12490
HS-008	1200	180	0	150	45		0	0	600	0	0	0	2175
HS-009				75	1000		0	100	800	0	0	0	1975
HS-010	1200	0	500	3500	1000	500	1000	500	800	5000	3000	10000	27000
HS-011	4100	0	500	5300	1000	0	600	500	800	10000	8000	0	30800
HS-012	600			200			600		180		1000	0	2580
HS-013	0	0	0	750	500	0	0	200	600	0	0	0	2050
HS-014	900	0	100	400	350	0	200	0	300	0	200	0	2450

第六章 农户收支情况 87

续表

户编号	谷物消费	薯类消费	豆类消费	肉类消费	蛋类消费	奶类消费	蔬菜消费	水果消费	食用油消费	在外饮食支出	烟酒消费支出	其他食品支出	食品总支出
HS-015	1200	160	400	1800	1000	500	600	600	1200	300	500	0	8260
HS-016	520	50	30	1500	480	440	800	120	600	400	200	0	5140
HS-017	3000	0	0	3400	150	0	0	900	600	2000	3600	0	13650
HS-018													7500
HS-019	3000	240	400	3000	800	0	1000	500	1000	2000	2000	0	13940
HS-020	1000	0	0	2600	800	0	400	120	500		5000		10420
HS-021													12000
HS-022	2000	450		1500	400	0	500	300	500	5000	1000	0	11650
HS-023	1500	400	1500	6000	800	4000	1000	1000	250	3000	2000	0	21450
HS-024	600	0	0	1300	500	0	1000	400	350	0	1000	0	5150
HS-025	600	160	0	120	80	0	600		300	0	15		1875
HS-026	1200	300	100	600	500	0	800	240	600		1000	0	5340
HS-027	375	0	0	1500	0	0	0	1000	720	500	1800	0	5895
HS-028	2000	500	200	700	300	0	1000	400	400	200	200	0	5900

续表

户编号	谷物消费	薯类消费	豆类消费	肉类消费	蛋类消费	奶类消费	蔬菜消费	水果消费	食用油消费	在外饮食支出	烟酒消费支出	其他食品支出	食品总支出
HS-029				2000	500	0	600	500	2000	0	0		5600
HS-030	2000	0	0	3000	560	0	1000	400	1000	0	0	0	7960
HS-031	700			1800			500		600	2000	2000		5600
HS-032	3000	300	700	2600	2520	1200	1440	500	800	2000	0	10000	25060
HS-033													3500
HS-034													0
HS-035	2000	0	0	300	150		600		360	0	0	0	3410
HS-036	0			3000	270	400	1000	700	700	2000	1000		9070
总计	42895	4290	5840	54695	16545	8340	19540	11180	20960	60400	52515	30000	351220
占比	12.2	1.2	1.7	15.6	4.7	2.4	5.6	3.2	6.0	17.2	15.0	8.5	100.0

注：有些农户不能确切说出每种食品的消费支出，只能说出一个大概的总支出，故表中存在不少空格。

资料来源：根据调查统计数据计算整理。

占比排在第二、第三位的是肉类消费和烟酒消费,分别占15.6%和15.0%。这也反映了该样本居民的生活水平相对富裕。改革开放以来,我国居民收入水平日渐提高,对肉类以及烟酒的需求自然不断上升。

占比排在第四位的是谷物消费,占了12.2%。占比排在第五位的是其他食品支出,占8.5%。食用油消费和蔬菜消费是紧随其后的两项,分别占了6.0%和5.6%,两者之和为11.6%。蛋类消费、水果消费以及奶类消费的占比分别为4.7%、3.2%和2.4%,三者共占10.3%。

四 生活用能源消费支出

上述分析了本次调查样本中村民生产所耗的能源支出,这一部分继续分析生活用的能源支出情况,具体见表6-6。

表6-6 2010年化山村调查样本农户生活用能源消费支出情况

单位:元

户编号	生活用电	生活用煤及煤制品	生活用煤气等	生活用汽油品	生活用柴油品	生活用柴草消费	生活用能源消费总支出
HS-001	560		1200				1760
HS-002	156.8	0	400	800	0	0	276.8
HS-003	150	0	200	17500	0	200	18050
HS-004	1000		1000				2000
HS-005	2000	0	600	8000	0		10600
HS-006	100					300	400
HS-007	570	800	500	7000			8870
HS-008	150					700	850
HS-009	300			300			600
HS-010	1140	0	500	8000	0	0	9640
HS-011	2500		1300	10000			13800
HS-012	500					500	1000
HS-013	280		300	0	0	0	580

续表

户编号	生活用电	生活用煤及煤制品	生活用煤气等	生活用汽油品	生活用柴油品	生活用柴草消费	生活用能源消费总支出
HS-014	168		100	700	0	0	968
HS-015	60		700	2500		600	3860
HS-016	600			2000			2600
HS-017	600		2440	2400		450	5890
HS-018	960	0	1000	500		1000	3460
HS-019	2500	0	2000	1400	4000	1200	11100
HS-020	1500	0	600	500	0	600	3200
HS-021	1800		500	2000		100	4400
HS-022	1126	0	600	1000		0	2726
HS-023	1000	0	400	8000	0	500	9900
HS-024	800	0	300	300	0	800	2200
HS-025	200					200	400
HS-026	500		200	2800		300	3800
HS-027	360		300		1200		1860
HS-028	600		180	2100		400	3280
HS-029	780	0	200				980
HS-030	650					1200	1850
HS-031	150					400	550
HS-032	570		300	540	0		1410
HS-033	2000		400	1400		200	4000
HS-034	600						600
HS-035	200					450	650
HS-036	1100	0	500				1600
总计	28230.8	800	16720	79740	5200	10100	140790.8
占比	20.1%	0.6%	11.9%	56.6%	3.7%	7.2%	100.0%

资料来源：根据调查统计数据计算整理。

从表6-6可以看出，生活用汽油品的支出占了生活用能源消费的最大一块，比重为56.6%。其次为生活用电支出，占了20.1%。接着是生活用煤气等的支出，占比为11.9%。而生活用柴草的消费虽然已经不是主要的支出构成，但也占了7.2%。

具体来看，汽油的使用不是最普遍的。在36户村民中，有14户没有报告使用汽油品，占了39%。而生活用电支出的占比虽然处于第二位，但是36户家庭却是家家有电，普及率100%。

供炊事用的能源方面，一是生活用煤气、液化气和天然气，有10户未报告该项的消费支出，占了28%；二是生活用柴草，有17户未报告或者报告数为零，占了47%。需要指出的是，有相当部分农户在炊事能源上使用了柴草，但没有在调查中反映出来，主要原因在于农户认为柴草为自家搜集而来，没有什么成本，故不将其计入支出。这样，调查表中"生活用柴草消费"这一项中的农户就减少了。

值得注意的是，煤和煤制品的消费支出仅占了0.6%。这意味着样本中的村民在使用能源的过程中碳排放较少。

从上述生活用能源的费用构成中，我们了解到该样本的一个特点：使用的能源开始较为现代化、清洁化。

第七章

生产性固定资产拥有与折旧情况

上一章分析了农户的收支情况。与收入密切相关的是资产。在经济学史上,最先厘清收入与资产关系的经济学家莫过于欧文·费雪,他所写的《资产和收入的性质》很好地解释了这两个概念。

要区分收入和资产,先要有流量和存量的概念。存量是在某一时点测算出来的量,而流量则是某一时间段的量。存量只有一个维度,也就是那个"量"。而流量则不同,除了"量"之外,还有一个维度,即时间段。有了这两个维度,然后"量"除以"时间段",就是流速。举个例子,2010年10月20日12时23分测得,某水池里有10立方米的水。这10立方米是存量。如果2010年10月19日12时23分测得的水池水的存量为15立方米。那么19日至20日的一天中,流量(具体来说是流出量)为5立方米。流速则是5立方米/日。

资产是存量,收入是流量,收入除以时间则是流速。资产就好比是水池,收入就好比是一段时间内流出来的水。在市场经济中,钱是生活中必不可少的。那么,我们自然就会关注出钱的资产。虽然在日常生活里,我们往往更关注流速。比如说,一年赚了多少钱。赚了的钱除以一年这一"时间段",就是流速。

第一节 化山村生产性固定资产的基本情况

固定资产是指企业使用期限超过1年的房屋、建筑物、机器、机械、运输工具以及其他与生产、经营有关的设备、器具、工具等。不属于生产经营主要设备的物品，单位价值在2000元以上，并且使用年限超过2年的，也应当作为固定资产。固定资产按经济用途可以分为生产性和非生产性两类。生产性固定资产是指直接服务于生产经营全过程的固定资产，如厂房、机器设备、仓库、销售场所、运输车辆等。非生产性固定资产是指不直接服务于生产经营，而是为了满足职工物质文化、生活福利需要的固定资产，如职工宿舍、食堂、托儿所、幼儿园、浴室、医务室、图书馆以及科研等其他方面使用的房屋、设备等固定资产。

本次调查样本中的村民以家庭为单位的，单位价值较高和使用年限较长的固定资产都归为生产性资产。

在本次调查中，有21户村民报告拥有生产性固定资产，占样本总户数的58%。在这21户村民的固定资产中，大多数为各类车辆。拥有各类车辆总数为25辆，各类车辆的比例详见图7-1。

从图7-1中可以看出，汽车拥有量最多，占了各类车辆总数的56%。其次是机动三轮车，占了32%。再次是小型拖拉机，占了8%。最后是非机动三轮车、手推车或胶轮大车，占了4%。上述这些数据显示了该样本中的村民拥有的车辆整体上技术较先进。一般来讲，汽车要比机动三轮车在技术和性能上更优越。而机动三轮车又比小型拖拉机和非机动三轮车先进。相应地，技术和性能的优越代表着其价格更高。这一方面说明，村民们的收入较高，购买力水平承担得起；另一方面也说明了村民们投资的信心。

除了各类车辆，该样本中拥有的生产性固定资产还有播种机、插秧机，农产品加工机械，以及井/机井。详细的生产性固定资产

非机动三轮车、手推车、胶轮大车 4%

机动三轮车 32%

汽车 56%

小型拖拉机 8%

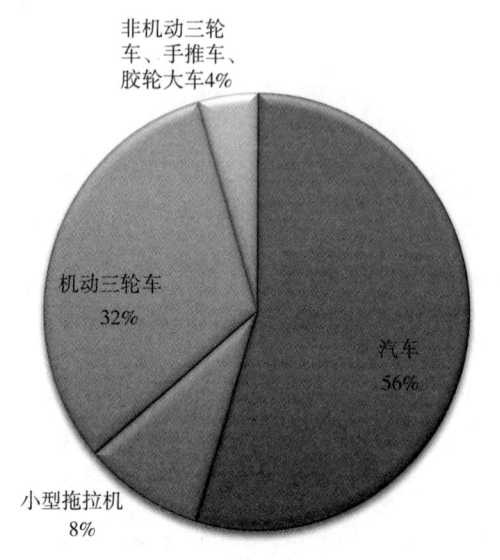

图 7-1 2010 年化山村调查样本村民拥有车辆情况

资料来源：根据调查统计数据计算整理。

拥有情况见表 7-1。

表 7-1 2010 年化山村调查样本的生产性固定资产拥有情况

户编号	名称	数量（辆台/口）	本户拥有情况（%）	购置年份	购买价格（元）
HS-001	汽车	1	100	2008	115000
HS-002	机动三轮车	1	100	2010	6700
HS-003	汽车	1	100	2010	100000
HS-004	汽车	1	100	2009	40000
HS-005	汽车	2	100	2008	220000
HS-006	播种机、插秧机	1	50	2007	
HS-007	汽车	1	100	2008	145000
HS-009	小型拖拉机	1	100	2001	4000
HS-010	汽车	1	50	2010	400000
HS-011	汽车	1	100	2008	20000
HS-013	机动三轮车	1	100		
HS-014	机动三轮车	1	100	2011	6000
HS-016	机动三轮车	1	100	2011	5000

续表

户编号	名称	数量（辆台/口）	本户拥有情况（%）	购置年份	购买价格（元）
HS-016	非机动三轮车、手推车、胶轮大车	1	100	2008	200
HS-016	农产品加工机械	1	100	2011	2000
HS-017	汽车	1	100		
HS-017	机动三轮车	2	100		17600
HS-017	井/机井	2	100		5000
HS-019	汽车	1	100	2010	82000
HS-023	汽车	1	100	2005	50000
HS-023	汽车	1	100	2010	250000
HS-026	小型拖拉机	1	100	2001	3000
HS-026	机动三轮车	1	100	2007	10000
HS-027	汽车	1	100	2008	40000
HS-028	机动三轮车	1	100	2003	2000
HS-032	汽车	1	100	2010	40000
HS-036	农产品加工机械	1	100	2010	2500

注：空项为村民由于各种原因没有报告的。

资料来源：根据调查统计数据计算整理。

在表7-1中的"本户拥有情况"一栏，大多为100%，只有两户是50%。在报告了购置年份的家庭中，购置时间在2008年以前的有6户，而在2008年或者之后购买的有17户，占了绝大多数。而大多数生产性固定资产的折旧年限在8年或者以上。因此，在进行本次调查的时候，绝大多数的生产性固定资产仍在提供服务，产生收入。此外，在提供了购买价格的家庭中，有6户的购买价格在5000元以下，有18户的购买价格为5000元及以上。

上述生产性固定资产为调查表中所列的种类。因为本次调查的化山村发展旅游服务业的特殊性，所以在调查之前，调查小组另外加上了电视、冰箱和空调三项。对于服务业来说，提供服务的过程，其实就是生产过程。而电视、冰箱和空调都是提供服务的资产，它们都有助于提升游客们享受服务质量。表 7-2 是该样本中用于旅游服务业的电视、冰箱和空调的拥有情况。在调查过程中，我们已经将村民自家使用的电视、冰箱和空调排除在生产性固定资产的范围以外。

表 7-2　2010 年化山村调查样本村民的服务业固定资产拥有情况

服务业固定资产	电视	冰箱	空调
户数（户）	23	16	15
占总户数比例	63.9%	44.4%	41.7%
台数（台）	254	22	86
户均拥有量（台/户）	11.0	1.4	5.7

资料来源：根据调查统计数据计算整理。

从表 7-2 可以看出，最普遍的电视，36 户中有 23 户拥有电视，占了近 64%。冰箱和空调相对较不普遍。从拥有的总台数看，电视依然遥遥领先，即使是户均拥有量，也是同样的结果。冰箱和空调的普及程度接近，但是拥有的总量却相差较大。空调总数为 86 台，而冰箱总数只有 22 台。户均拥有量，空调为 5.7 台/户，也大于冰箱的 1.4 台/户。

对于这些数字，我们给出以下解释。由于电视和冰箱空调相比，其价格相对较低，因此拥有的总量遥遥领先。而冰箱和空调相比，则是由于游客更需要空调。当地的风景在"五一"至"十一"最好，最适宜游玩。而一年中的酷热天气也大多集中于这段时期。因此，空调用来调节室内的温度，使旅客拥有凉爽的休息环境是至关重要的。

最后，由于发展农家宾馆，同一处房子既具有生活性，又具有生产性。鉴于此，我们对用于旅游服务业的房屋做了一个统计。有 13 户家庭拥有生产性房屋，也就是将房屋用于从事旅游服务业。这些房屋的面积共 2730 平方米，估计价值 344 万元左右。

第二节　生产性固定资产与经济发展

一个国家或地区的经济发展，离不开投资的带动。投资分为净投资和重置投资。前者指新增的投资，后者指更换资产的投资，即折旧。投资决策取决于投资者对未来收入情况的预期。对于未来，我们只能通过过去的经验进行猜测。如果宏观环境相对稳定，那么过去投资的经验就能够对未来的投资起到正确的指导作用。如果宏观环境波动，或者出现一时的危机，那么环境变化就会造成原来的目标不能实现。不同的决策者对环境变化的认识是不一样的。有些人能很早发现危机的迫近，有些人则已经身处危机而不自知。如果有一个市场，能够将这类信息和知识传播开来的话，那么认识的时间先后也就不会差很多。这样的市场，首先需要价格机制的良好发挥。

因此，如果当地政府想要当地经济健康持续地发展，那么保持宏观经济的稳定是至关重要的。要做到宏观经济的稳定，需要在出台新政策的时候谨慎小心，出台后坚持贯彻。

另外，如果当地政府想要减轻其经济波动，那么，理顺价格机制，建立良好的市场经济秩序也是至关重要的。由于我国过去计划经济的影响现在并没有完全被消除，所以市场经济体制的建设还在进行中。政府的工作应该重点放在改革上，而非对已经建立的价格机制进行干预。

就生产性固定资产来讲，当地政府管理工作中最主要的成绩莫过于开办农家宾馆。这一举措提升了农村土地的价值，使生活性固定资产获得了生产价值。

如何合理有效地利用农村土地，是当前我国经济发展中的一个难题。在城市化进程中，土地权利的处置与利益安排基本受现行土地制度结构支配。与城乡分割的其他现象一样，现行土地制度同样也是二元分割的。按照宪法和有关土地的法律规定，城市土地归国有，农村土地归集体。国有土地和集体土地，建设用地和农业用地，其产权的界定是不同的。由于产权结构不同，导致市场价值相差很大。城市的国有建设用地具有完全的商品性，可以买卖、租赁和抵押，价值最高。集体土地只能在农村范围内流转和交易，因此就限制了它的商业价值。而且农业用地只能用于农耕，集体土地只有通过政府征用，先变成国有土地，才能用于城市建设。土地从集体所有转为国有，伴随着土地价值的增值，但土地增值的收益基本上被政府和开发商拿走，农民得到的只是很少的拆迁补偿和安置费用。

化山村通过发展旅游观光，带动当地村民开设农家宾馆，真正地做到了公平和效率兼顾。以往的土地升值过程，基本上离不开政府征地，然后开发商拿地，最后老百姓买房。在征地的时候，由于现行法律对补偿的规定没有与时俱进，是不利于被征地农户的。化山村跳过了政府征地这一环节，村民直接使用原有的房子或者新建房子提供住宿，获得了土地升值的更多利益。

总之，当地政府以村民自己建设经营农家宾馆为主，将生活性固定资产转化为生产性固定资产，为村民开辟了一项重要的收入来源，在旅游业发展的带动下，真正提高了村民的收入水平。

第八章

化山村金融状况

2010年化山村集体负债总额为47万元,其中欠农户35万元,欠商户12万元;村集体债权总额为4.7万元,全部为农户欠款。村集体负债较多,主要原因是村集体大力投资于建校、修建道路、整修水利与建设乡村政权等农村公共品,虽然有上级政府拨款,但远远不能满足需要,故造成入不敷出而举债的状况。此外,调研数据显示,2010年化山村农户近半数有负债,近半数有存款,借贷主要来源为亲友,负债主要原因是修建农家宾馆等家庭经营需要,民间融资在化山村发挥着主导作用,村民从正规金融机构融资仍存在较大困难,农村信用社等正规金融机构作用相对较小。

第一节 化山村农户负债状况

一 化山村农户负债数额和借款来源基本情况

1. 负债农户与负债数额

2010年,化山村共226户。本次调查样本为39户,有效样本为36户,其中负债农户高达18户。也就是说,在有效样本中一半农户家庭负债。根据调研数据可知(见表8-1),农户负债总额为

764000元，户均负债42444.4元，负债额度在3000—250000元不等。从借贷来源来看，农户主要从亲友处借款，其次为银行信用社，最后为高利贷。其中欠亲友债额为459000元，约占总负债额的60%；欠银行信用社债额为245000元，约占总负债额的32%；欠高利贷债额为60000元，约占总负债额的8%。仅欠亲友农户为10户，仅欠银行信用社农户为3户，既欠亲友又欠银行信用社农户为4户，既欠亲友又欠高利贷农户为1户。

2. 借款来源以亲友为主，其次为银行信用社

从调研数据看，亲友在化山村农户融资过程中发挥主要作用，银行信用社等金融机构发挥的作用相对较小。究其原因，主要在于向亲友借款不收利息（15户向亲友借款的农户均没有向亲友支付利息），几乎无融资成本，其次为向银行借贷程序烦琐、过程相对漫长，并且还需支付利息，融资成本相对较高，这些都促成了诸多农户直接向亲友融资。这一方面说明在化山村民间熟人亲友圈仍是农户融资的主要渠道；另一方面也说明银行信用社等国家正规金融机构对化山村农户融资影响力还不够大。

表8-1　　　　　化山村负债数额与借款来源　　　　　单位：元

户编号	负债总额	欠集体	欠亲友	欠亲友是否有利息	欠银行信用社	欠高利贷	欠高利贷利息	赊购欠款
HS-001	0	0	0	—	0	0	0	0
HS-002	0	0	0	—	0	0	0	0
HS-003	0	0	0	—	0	0	0	0
HS-004	40000	0	40000	2否	0	0	0	0
HS-005	0	0	0	—	0	0	0	0
HS-006	0	0	0	—	0	0	0	0
HS-007	0	0	0	—	0	0	0	0
HS-008	3000	0	3000	2否	0	0	0	0
HS-009	10000	0	0	—	10000	0	0	0
HS-010	0	0	0	—	0	0	0	0
HS-011	50000	0	0	—	50000	0	0	0

续表

户编号	负债总额	欠集体	欠亲友	欠亲友是否有利息	欠银行信用社	欠高利贷	欠高利贷利息	赊购欠款
HS-012	10000	0	5000	2 否	5000	0	0	0
HS-013	0	0	0	—	0	0	0	0
HS-014	10000	0	0	—	10000	0	0	0
HS-015	0	0	0	—	0	0	0	0
HS-016	0	0	0	—	0	0	0	0
HS-017	10000	0	10000	2 否	0	0	0	0
HS-018	0	0	0	—	0	0	0	0
HS-019	0	0	0	—	0	0	0	0
HS-020	0	0	0	—	0	0	0	0
HS-021	0	0	0	—	0	0	0	0
HS-022	60000	0	60000	2 否	0	0	0	0
HS-023	250000	0	150000	2 否	100000	0	0	0
HS-024	20000	0	20000	2 否	0	0	0	0
HS-025	0	0	0	—	0	0	0	0
HS-026	86000	0	26000	2 否	0	60000	记不清	0
HS-027	30000	0	30000	2 否	0	0	0	0
HS-028	60000	0	40000	2 否	20000	0	0	0
HS-029	20000	0	20000	2 否	0	0	0	0
HS-030	20000	0	20000	2 否	0	0	0	0
HS-031	0	0	0	—	0	0	0	0
HS-032	0	0	0	—	0	0	0	0
HS-033	70000	0	20000	2 否	50000	0	0	0
HS-034	7000	0	7000	2 否	0	0	0	0
HS-035	8000	0	8000	2 否	0	0	0	0
HS-036	0	0	0	—	0	0	0	0
合计	764000	0	459000	—	245000	60000		0

资料来源：根据调研统计数据计算整理。

二 负债农户与受教育程度、经营类型和收入水平

接下来分析负债农户与户主受教育程度、农户经营类型、收入

分组之间的关系。具体情况见表 8-2。

表 8-2　化山村负债农户与受教育程度、经营类型和收入水平

户编号	负债总额（元）	户主受教育程度	经营类型	收入分组
HS-008	3000	小学	农业户	低收入
HS-034	7000	未上学可读写	农业兼业户	低收入
HS-035	8000	小学	农业兼业户	低收入
HS-009	10000	小学	农业兼业户	低收入
HS-012	10000	未上学可读写	农业户	低收入
HS-014	10000	高中	农业兼业户	高收入
HS-017	10000	高中	农业兼业户	高收入
HS-024	20000	初中	农业兼业户	中等收入
HS-029	20000	初中	农业户	低收入
HS-030	20000	小学	农业户	低收入
HS-027	30000	小学	农业兼业户	中等收入
HS-004	40000	初中	农业兼业户	中等收入
HS-011	50000	未上学可读写	农业兼业户	中等收入
HS-022	60000	—	农业兼业户	中等收入
HS-028	60000	初中	农业兼业户	中等收入
HS-033	70000	高中	农业兼业户	高收入
HS-026	86000	小学	农业兼业户	中等收入
HS-023	250000	高中	农业兼业户	高收入

资料来源：根据调研统计数据计算整理

1. 按户主受教育程度、农户经营类型与收入水平分类分析农户负债情况

从表 8-2 可以看出，负债额度最低的三户 HS-008、HS-034、HS-035 负债额度分别为 3000 元、7000 元、8000 元，户主受教育程度分别为小学、未上学和小学，受教育程度很低，并且从调研数据看其经营类型，HS-008 家庭收入全部来自农业经营、HS-034 和 HS-035 户家庭收入均来自农业经营和外出打工，家庭收入水平很低，自然落为低收入组。而负债最高的三户 HS-023、HS-026、HS-

033负债额度分别为250000元、86000元、70000元，户主受教育程度分别为高中、小学和高中，除HS-026户外，其他两户受教育程度均为高中，受教育程度平均水平比低负债农户偏高，并且从调研数据看其经营类型，HS-023家庭收入主要来自自营住宿餐饮业，HS-026主要来自农业种植业和自营住宿餐饮业，HS-033户家庭收入主要来自承包林业和自营住宿餐饮业，除HS-026户家庭收入为中等收入水平外，其他两户均为高收入家庭。负债额度处于中间水平的农户，户主受教育水平为未上学、小学、初中、高中等不同水平，经营类型也为农业专职经营和兼业经营不同类型，收入水平也为低、中、高等不同收入水平，从中难以看出鲜明的内在关系。

2. 负债农户与受教育程度、经营类型和收入水平的关系

从低负债农户和高负债农户看，农户负债额度与户主受教育程度、农户经营类型、收入分组之间的关系比较明显，即低负债的农户往往户主受教育程度较低、农户经营类型主要为农业种植业和外出务工、收入水平为低收入组；高负债的农户往往户主受教育程度较高、农户经营类型主要为农业种植业、林业和自营住宿餐饮业、收入水平较高，通常为高收入组或中等收入组。

三 负债农户借债目的以农家宾馆家庭经营为主

化山村农户之所以借债，主要有以下几种目的，见表8-3。

表8-3　　　　　　　　化山村负债农户借钱目的

户编号	负债总额（元）	经营类型	收入分组	借钱主要目的	借钱次要目的
HS-008	3000	农业户	低收入	5. 生产设施购置	7. 婚嫁
HS-034	7000	农业兼业户	低收入	2. 看病	—
HS-035	8000	农业兼业户	低收入	5. 生产设施购置	—
HS-009	10000	农业兼业户	低收入	5. 生产设施购置	—
HS-012	10000	农业户	低收入	9. 其他（买房）	—
HS-014	10000	农业兼业户	高收入	3. 子女上学	—

续表

户编号	负债总额（元）	经营类型	收入分组	借钱主要目的	借钱次要目的
HS-017	10000	农业兼业户	高收入	9. 其他（进货）	—
HS-024	20000	农业兼业户	中等收入	4. 盖房	—
HS-029	20000	农业户	低收入	3. 子女上学	4. 盖房
HS-030	20000	农业户	低收入	—	—
HS-027	30000	农业兼业户	中等收入	9. 其他（袋料）	—
HS-004	40000	农业兼业户	中等收入	4. 盖房	—
HS-011	50000	农业兼业户	中等收入	5. 生产设施购置	—
HS-022	60000	农业兼业户	中等收入	4. 盖房	—
HS-028	60000	农业兼业户	中等收入	4. 盖房	—
HS-033	70000	农业兼业户	高收入	4. 盖房	5. 生产设施购置
HS-026	86000	农业兼业户	中等收入	4. 盖房	—
HS-023	250000	农业兼业户	高收入	9. 其他（购房）	—

资料来源：根据调研统计数据计算整理。

1. 借债目的：房屋、家庭经营、教育与医疗卫生

从表8-3可以看出，化山村农户借钱的主要目的有房屋需求支出，如HS-012、HS-024、HS-004、HS-022、HS-028、HS-033、HS-026、HS-023共8户，盖房或购房；其次为家庭经营需求支出，如HS-008、HS-035、HS-009、HS-017、HS-027、HS-011共6户，用于生产设施购置，购买种植香菇的袋料，或商业经营进货；再次为教育支出，如HS-014和HS-029共2户，用于子女上学；最后为卫生医疗支出，仅有HS-034这1户，借钱用于看病。

2. 借债主要目的为家庭经营需要

仅从调研数据来看农户借钱主要目的，用于房屋需求的农户最多，约占整体的44.4%，家庭经营需求约占33.3%，教育需求约占11.1%，医疗卫生需求约占5.6%。房屋需求是人类的基本生存需求，数据给我们的初步印象是化山村负债农户的44.4%仍为居住需

求所累。然而，我们从借钱主要用于盖房或买房的 HS-012、HS-024、HS-004、HS-022、HS-028、HS-033、HS-026、HS-023 这 8 户所属经营类型和收入水平组来看，除 1 户 HS-012 属农业专职经营户和低收入组外，其他 7 户均为兼业经营，收入主要来自自营住宿餐饮、批发零售等第三产业，均属中等或高收入组。既然是中高收入水平，为何还要借债，并且还是借债盖房或买房？其实原因很简单，化山村主要靠旅游服务业带动经济发展。旅游产业的发展，带动了相关农户以家庭为主的农家宾馆住宿餐饮业、批发零售业等服务行业的发展。而化山村农户所开设的农家宾馆将自己家庭住宿和游客住宿餐饮合为一体，随着旅游产业的发展壮大，游客数目的增多，所需农家宾馆的数目也越来越多，为满足旅游产业需求，提高家庭收入水平，许多农户拆旧建新，或直接盖建家庭宾馆，或直接购买。由于盖建农家宾馆所需资金较多，这就造成了诸多农户为建房或买房而暂时举债了。因此，从这一意义上讲，大部分为房屋而举债的化山村农户并不仅仅是为了满足自身的居住需求，而是用于家庭商业经营，属于家庭经营需求。加之前文所述的家庭经营需求约占负债农户的 33.3%，十分明显，大部分化山村负债农户借钱主要目的为农家宾馆家庭经营需求。

第二节 化山村农户存款与借出状况

一 化山村农户存款数额与借出数额基本情况

1. 化山村农户存款情况

本次调研有效样本为 36 户，拥有存款或借与亲友的农户共有 12 户，占有效样本的 33.3%。其中在金融机构存款的农户有 8 户，占有效样本的 22.2%。根据调研数据可知，见表 8-4，农户累计存款总额为 330000 元，户均累计存款 41250 元，累计存款额度在 10000—150000 元不等。

2. 化山村农户资金借出情况

另外，虽然一些农户在金融机构没有存款，但他们将闲置资金借与亲友，这种亲友熟人圈内的无息借贷的重要性不可小觑。当然，还有一些农户，既在金融机构有存款，同时也将部分资金借与亲友。本次调研的36个有效样本中，借与亲友的农户有5户，占有效样本的13.9%。这5户累计向亲友借出280000元，每户额度在30000—100000元间不等，户均借出金额56000元，比户均累计存款多出14750元。在这5户中，只有1户在金融机构有存款，其余4户在金融机构均无存款。也就是说，4个农户将本可存进金融机构的闲置资金全部借与亲友。在这里，再次见证了亲友在化山村农户融资中的重要作用。这与前文负债农户借款来源有60%来自亲友可相互印证。需要再次指出的是，5户借与亲友的农户均不向亲友索取利息，这也是民间亲友熟人圈内融资盛行的很重要原因。这一点已在前文述及。

在本次调研有效样本中，没有农户放高利贷，也没有农户拥有赊销债权和集体政府欠款。

表8-4　　　　　　化山村存款数额与借出数额　　　　　　单位：元

户编号	累计存款额	亲友欠	亲友欠是否收利息	放高利贷	放高利贷利息	赊销债权	集体政府欠款
HS-001	0	0	—	0	0	0	0
HS-002	0	0	—	0	0	0	0
HS-003	0	100000	2否	0	0	0	0
HS-004	0	0	—	0	0	0	0
HS-005	0	0	—	0	0	0	0
HS-006	0	0	—	0	0	0	0
HS-007	0	0	—	0	0	0	0
HS-008	0	0	—	0	0	0	0
HS-009	0	0	—	0	0	0	0
HS-010	0	0	—	0	0	0	0
HS-011	150000	0	—	0	0	0	0

续表

户编号	累计存款额	亲友欠	亲友欠是否收利息	放高利贷	放高利贷利息	赊销债权	集体政府欠款
HS-012	0	0	—	0	0	0	0
HS-013	0	0	—	0	0	0	0
HS-014	0	0	—	0	0	0	0
HS-015	10000	30000	2 否	0	0	0	0
HS-016	50000	0	—	0	0	0	0
HS-017	0	0	—	0	0	0	0
HS-018	0	30000	2 否	0	0	0	0
HS-019	30000	0	—	0	0	0	0
HS-020	0	0	—	0	0	0	0
HS-021	0	60000	2 否	0	0	0	0
HS-022	0	0	—	0	0	0	0
HS-023	50000	0	—	0	0	0	0
HS-024	10000	0	—	0	0	0	0
HS-025	0	0	—	0	0	0	0
HS-026	0	0	—	0	0	0	0
HS-027	0	0	—	0	0	0	0
HS-028	0	0	—	0	0	0	0
HS-029	20000	0	—	0	0	0	0
HS-030	10000	0	—	0	0	0	0
HS-031	0	0	—	0	0	0	0
HS-032	0	60000	2 否	0	0	0	0
HS-033	0	0	—	0	0	0	0
HS-034	0	0	—	0	0	0	0
HS-035	0	0	—	0	0	0	0
HS-036	0	0	—	0	0	0	0
合计	330000	280000	2 否	0	0	0	0

资料来源：根据调研统计数据计算整理。

二 债权农户与户主受教育程度、经营类型和收入水平

接下来我们分析债权农户与户主受教育程度、农户经营类型、

收入分组之间的关系。具体情况见表 8-5。

表 8-5　债权农户与户主受教育程度、经营类型和收入水平

户编号	累计存款额	亲友欠	户主受教育程度	经营类型	收入分组
HS-003	0	100000	小学	农业兼业户	中等收入
HS-011	150000	0	未上学可读写	农业兼业户	中等收入
HS-015	10000	30000	初中	农业兼业户	中等收入
HS-016	50000	0	初中	农业兼业户	中等收入
HS-018	0	30000	初中	农业兼业户	中等收入
HS-019	30000	0	初中	农业兼业户	中等收入
HS-021	0	60000	高中	农业兼业户	中等收入
HS-023	50000	0	高中	农业兼业户	高收入
HS-024	10000	0	初中	农业兼业户	中等收入
HS-029	20000	0	初中	农业户	低收入
HS-030	10000	0	小学	农业户	低收入
HS-032	0	60000	初中	农业兼业户	中等收入

资料来源：根据调研统计数据计算整理。

1. 按农户受教育程度、经营类型和收入水平分类分析农户债权情况

从表 8-5 可以看出，在拥有存款或借与亲友的 12 户农户中，按受教育程度分，7 户为初中水平，占 12 户农户的 75%，债权额度占 12 户农户债权总额的 39.3%；3 户为小学水平和未上学可读写，占 12 户农户的 25%，债权额度占 12 户农户债权总额的 42.6%；2 户为高中水平，占 12 户农户的 16.7%，债权额度占 12 户农户债权总额的 18%。按经营类型分，10 户为农业兼业户，占 12 户农户的 83.3%，债权额度占 12 户农户债权总额的 95.1%；2 户为农业专业经营户，占 12 户农户的 16.7%，债权额度占 12 户农户债权总额的 4.9%。按收入水平组别分，9 户为中等收入水平户，占 12 户农户的 75%，债权额度占 12 户农户债权总额的 86.9%；2 户为低收入水平户，占 12 户农户的 16.7%，债权额度占 12 户农户

债权总额的 4.9%；1 户为高等收入水平户，占 12 户农户的 8.3%，债权额度占 12 户农户债权总额的 8.2%。

2. 债权农户与户主受教育程度、农户经营类型、收入水平之间的关系

从上述分析可以看出，拥有存款或借与亲友的农户大部分受教育程度为初中，经营类型大部分为农业兼业户，收入水平大部分为中等收入水平，但从存款或借与亲友的金额看，占最大比例的为小学水平和未上学可读写农户、农业兼业农户与中等收入水平农户。也就是说，虽然受教育程度较低的农户在债权农户数量上比重较小，但其债权数额所占比例却最大，兼业农户数量比重与债权数额比重均为最大，中等收入水平农户存款数量比重与债权数额比重也均为最大。

3. 原因分析

拥有存款或借与亲友的农户大部分受教育程度为初中，这一点与化山村绝大部分农民受教育水平为初中相符。兼业农户数量比重与债权数额比重均为最大，这一点很容易理解，化山村是靠旅游产业带动经济发展的村庄，很大一部分农户从事与旅游业相关的住宿餐饮批发零售等第三产业，农户兼业是提高农民收入的有效途径，这一点已经被国内外农业经济发展的经验证实。

中等收入水平农户数量比重与债权数额比重最大，而不是高收入水平农户，这一点初看起来难以理解。按常理推断，收入水平最高的高等收入水平的农户存款或借予亲友的应该最多，但事实并非如此。事实是，收入水平高的农户，投资理念已发生了改变，他们往往不愿将闲置的资金放置银行或借予亲友，与其他类型投资相比，银行信用社等金融机构存款的低利率与借予亲友的无利息获得回报率较低，故高收入水平的农户将闲置资金用于扩大自身经营规模或其他投资，以期获得更高的投资回报。这就造成了高收入水平组农户存款数量比重与债权数额比重并不是最大的原因。由于低收

入水平农户收入水平较低，其存款与借予亲友的数额必然不会很多。因此，中等收入水平农户数量比重与债权数额比重自然就成为最大。

奇怪的是，受教育程度最低的农户拥有存款或借予亲友的金额所占比例最大，这一点颇让人困惑。据我们有限的了解，可以这样解释这一现象：受教育程度较低的农户，投资理念比较保守谨慎，追求安全可靠，往往将闲置资金存入银行信用社等正规的国家金融机构。此外，受教育程度较低的农户，往往亲情友情观更为浓重（很多人的普遍感受，受教育程度普遍较低的农村要比受教育程度普遍较高的城市人情味更浓），但凡有闲置资金，他们很乐意帮助亲朋好友。因此，这就造成了受教育程度最低的农户存入金融机构或借予亲友的金额所占比例却最大这一奇怪现象了。

第三节　化山村农户与正规金融机构和民间金融组织

从调研数据看，2009—2010年化山村农户有20户与正规金融机构之间发生过信贷关系（具体见表8-6），约占调研有效样本总数的55.6%。也就是说，一半以上农户与正规金融机构有着信贷关系。可以看出，化山村农户与正规金融机构之间的关系还是较为密切的。

一　化山村农户在正规金融机构存款情况

1. 存款农户数目及其比重

从统计数据看，有18户在正规金融机构有过存款，占有效样本总数的50%，占有存贷关系样本农户的90%。

2. 农户存款数额

据可得统计数据，18户在正规金融机构累计存款额合计为

330000元，每户存款数额10000—150000元不等。但从表8-6可清楚看到，很多农户在调查问卷"存款机构"栏中表明了农村信用社、邮政储蓄或商业银行，但在存款数额中空缺，不愿被调查，如HS-006、HS-012、HS-014、HS-017、HS-018、HS-021、HS-022、HS-027、HS-033、HS-036共10户。这是在调研中常常遇到的情况。由于中国人尤其是中国农民普遍存在怕露富的心理，不愿让人知道自己的存款情况，故有意避开这一调研项目。但在"存款机构"一项中，却暴露了其有存款的事实。这也是我们在调研中需要注意的问题。这也解释了上一节中数据显示只有8户在金融机构有存款的原因。

3. 农户存款机构

据统计数据可知，18户存款农户的存款机构主要为农村信用社和邮政储蓄，商业银行只有1户。其中，仅在信用社存款的有8户，约占存款农户的44.4%，仅在邮政储蓄存款的有4户，约占存款农户的22.2%，既在信用社又在邮政储蓄存款的农户有4户，也约占存款农户的22.2%，既在邮政储蓄又在商业银行存款的有1户，约占存款农户的5.6%，另外1户没有数据。而在农村信用社存款的农户高达12户，约占存款农户的66.7%，在邮政储蓄存款的为8户，约占存款农户的44.4%，在商业银行存款的有1户，约占存款农户的5.6%。从这些数据可以看出，在正规金融机构中，对化山村影响最大的当属农村信用社，其次为邮政储蓄，商业银行影响很小。

表8-6　　　　　化山村农户存贷款基本情况　　　　　单位：元,%

户编号	累计存款额	存款机构	累计贷款额	贷款机构	贷款次数	最多一次借款金额	借款年利率
HS-006	—	1. 信用社 2. 邮政储蓄	0		0		
HS-008	0		11000	1. 信用社	2	—	—
HS-011	150000	1 信用社	90000	1. 信用社	2	50000	10

续表

户编号	累计存款额	存款机构	累计贷款额	贷款机构	贷款次数	最多一次借款金额	借款年利率
HS-012	—	1. 信用社	5000	1. 信用社	1		
HS-014	—	1. 信用社 2. 邮政储蓄	10000	—	1	—	—
HS-015	10000	1. 信用社	0		0		
HS-016	50000	1. 信用社	0		0		
HS-017	—	1. 信用社	0		0		
HS-018	—	1. 信用社 2. 邮政储蓄	0		0		
HS-019	30000	1. 信用社	50000	1. 信用社	1	—	—
HS-021	—	1. 信用社 2. 邮政储蓄	0		0		
HS-022	—	2. 邮政储蓄	0		0		
HS-023	50000	2. 邮政储蓄	—	1. 信用社 3. 商业银行			
HS-024	10000	—	0		0		
HS-027	—	1. 信用社	0		0		
HS-028	0		20000	1. 信用社	2		
HS-029	20000	2. 邮政储蓄	0		0		
HS-030	10000	2. 邮政储蓄	0		0		
HS-033	—	1. 信用社	—	1. 信用社	—	—	—
HS-036	—	2. 邮政储蓄 3. 商业银行	0		0		
合计	330000		186000		9		

资料来源：根据调研统计数据计算整理。

二 化山村农户在正规金融机构贷款情况

1. 贷款农户数目及其比重

根据调研数据，有 8 户在正规金融机构有过贷款，占有效样本总数的约 22.2%，占有存贷关系样本农户的 40%。

2. 贷款数额

据可得统计数据，8 户在正规金融机构累计贷款额合计为 186000 元，每户贷款数额 5000—90000 元不等。从表 8-6 可看到，

HS-023 和 HS-033 两户农户在"贷款机构"栏中表明了农村信用社或商业银行，但在"贷款数额"栏中空缺。这在一定程度上造成统计数据失真。

3. 贷款机构

据调研数据可知，8 户贷款农户的贷款机构主要为农村信用社，商业银行只有 1 户。其中，仅在信用社贷款的有 6 户，约占贷款农户的 75%；既在信用社又在商业银行贷款的有 1 户，约占贷款农户的 12.5%；另外 1 户没有数据。而在农村信用社贷款的农户高达 7 户，约占贷款农户的 87.5%；在商业银行贷款的有 1 户，约占贷款农户的 12.5%。从这些数据可以看出，在正规金融机构中，对化山村影响最大的当属农村信用社，商业银行影响很小。

4. 贷款次数

据统计数据，8 户贷款农户有 3 户为 2 次，有 3 户为 1 次，其他农户相关数据空缺。从中可以看出，贷款农户的贷款频率不是很高。从最多一次借款金额及借款利率看，由于只有 1 户的相关数据，其最多一次借款金额及借款利率分别为 50000 元和 10%，贷款金额不是很大，贷款利率却很高。高额的贷款利率使农户对正规金融机构望而却步，这也进一步解释了为何负债农户借款来源以亲友为主、其次才为银行信用社等正规金融机构的原因了。

三 化山村农户存贷款比较分析

1. 存贷农户数目

从统计数据看，存款农户为 18 户，贷款农户为 8 户，仅有存款的农户为 12 户，仅有贷款的农户为 2 户，既存又贷的农户为 6 户。无论从哪个角度看，存款农户数目都要远大于贷款农户数目。

2. 存贷款数额

据可得统计数据，18 户在正规金融机构累计存款额合计为 330000 元，8 户在正规金融机构累计贷款额合计为 186000 元，相差144000元。考虑到高达10户存款农户存款数额缺失,只有2户贷款农户贷款数额缺失,化山村农户存贷款之间的真实差距应该要远大于144000元。

3. 存贷款机构主要为农村信用社和邮政储蓄

从统计数据看,18户存款农户的存款机构主要为农村信用社和邮政储蓄,商业银行只有1户,在农村信用社存款的农户高达12户,约占存款农户的66.7%;在邮政储蓄存款为9户,约占存款农户的50%。8户贷款农户的贷款机构主要为农村信用社,商业银行只有1户,在农村信用社贷款的农户高达7户,约占贷款农户的87.5%。两相比较,显然可见,无论存款还是贷款,化山村农户首选的正规金融机构是农村信用社。而对于邮政储蓄,化山村农户更倾向于存款,在调研中没有发现向邮政储蓄贷款的农户。至于商业银行,无论存贷,对化山村农户吸引力都不大。

此外,从调研情况看,化山村村内还没有设立一家正规金融机构,这不仅给村民存取款造成不便,而且也为游客带来了不便。建议邮政储蓄、信用社或农村银行在化山村设立一网点,最好是邮政储蓄,这样既可方便村民游客存取款,又可方便他们邮寄物品,游客就可直接通过邮局邮寄在化山村购买的诸如香菇和猕猴桃等特色农产品,这不仅可减少随身携带现金带来的不便,还可以提高化山村农户香菇和猕猴桃等特色农产品的销售量,提高其收入水平。

四 化山村贷款农户信用状况

前文提到,据可得调研统计数据,化山村借款来源主要为亲友,其次为银行信用社等金融机构。其原因也已在前文分析过。在这里,我们进一步分析贷款农户的信用状况,以期深入了解化山村金融状况。

1. 还贷金额

据可得数据,2009—2010年6户贷款农户累计贷款额为

186000元，其中有2户将贷款全部还清，有2户没有还贷，有1户还了部分贷款，1户数据缺失。累计还贷金额为101000元，约占贷款总金额的54.3%；未还贷款金额为75000元，约占贷款总金额的40.3%。总之，贷款农户还贷了50%以上的贷款。

2. 主要担保形式

从统计数据看，6户贷款农户有3户为资产抵押贷款，占50%；有2户为亲友担保，约占33.3%；有1户为村集体担保，约占16.7%。农户以这些担保来确保即时归还贷款，这可看作一种信用保障。

3. 贷款使用情况

从调研情况看，除1户数据缺失外，其他农户贷款资金均未挪作别用，这可看作是贷款农户守信用的表现。

从总体看，贷款农户的信用状况比较好（见表8-7）。

表8-7 2009—2010年贷款农户还贷、贷款担保及贷款使用情况

单位：元

户编号	累计贷款额	到期未还贷款次数	累计未还贷款金额	已还贷款次数	累计已还贷款金额	主要担保形式	贷款是否被挪作别用
HS-008	11000	0	0	2	11000	3. 村集体担保	2. 否
HS-011	90000	0	50000	1	40000	1. 资产抵押	2. 否
HS-012	5000	1	5000	0	0	4. 亲友担保	2. 否
HS-014	10000	—	—	—	—	1. 资产抵押	—
HS-019	50000	0	0	1	50000	1. 资产抵押	2. 否
HS-028	20000	—	20000	0	0	4. 亲友担保	2. 否
合计	186000	1	75000	5	101000		

资料来源：根据调研统计数据计算整理。

五 2009—2010年化山村农户与民间金融组织（包括高利贷）

从可得调研统计数据看，在化山村36户有效样本中，除1户向高利贷借款并于当年即时还款外，其他农户均无与民间金融组织

（包括高利贷）发生信贷关系。从这些调研情况可以看出，化山村民间金融组织发展力量不大，对化山村农户融资影响不大。

总体来看，化山村举债农户与存款农户数目均占抽样有效样本的50%，由于许多存款农户不愿透漏存款金额，故无法比较农户负债金额与存款借出款项金额的具体情况；农户借债主要目的为农家宾馆家庭经营需要，借款主要来源为亲友，其次为农村信用社；无论存款还是贷款，化山村农户首选的正规金融机构均为农村信用社，对于邮政储蓄，化山村农户更倾向于存款，而商业银行，无论存贷，对农户吸引力都不大；化山村民间金融组织发展力量不大，对农户融资影响很小。显然可见，化山村民间非金融机构（亲朋好友等构成的熟人圈）的融资作用要大于正规金融机构，这也反映出村民通过正规金融机构融资存在较大困难。此外，在正规金融机构中，对化山村影响最大的为农村信用社，其次为邮政储蓄。鉴于化山村目前还没有一家正规金融机构，特建议设立一家邮政储蓄网点，既可方便村民与游客存取，又可方便村民和游客邮寄物品，有利于扩大香菇和猕猴桃等特色农产品销售量，提高农民收入水平。

第九章

土地承包经营与宅基地

　　土地承包经营是我国农业生产经营的基本制度，是指公民个人、农户、法人或者其他经济组织依照法律规定和合同约定对集体所有或国家所有的土地有一定期限的承包，用于农业生产经营活动，其核心是"经营"。

　　据我们调查了解的结果，化山村 2010 年底人口共计约 800 人，属于规模不大的村庄。该村深处山区，年降水量大约 800 毫米，各户的耕地占有量较低。许多农户收入来源以农家宾馆等旅游服务业为主。农民在旅游旺季则以农家宾馆等获取收入，在旅游淡季通过林果蔬菜经营或者外出打工取得报酬。全村的劳动力因此得到了较为充分的利用。

第一节　化山村土地整体使用情况

　　化山村的户籍数共计 226 户，土地的整体使用情况我们大致可由实际经营耕地面积、土地的使用类型以及从事农林牧副渔等几个方面来体现。

一 实际经营耕地情况

我们总共抽样了 36 户，共计 157 人，平均每户人口数约为 4.4 人。样本的实际经营耕地情况详见图 9-1。

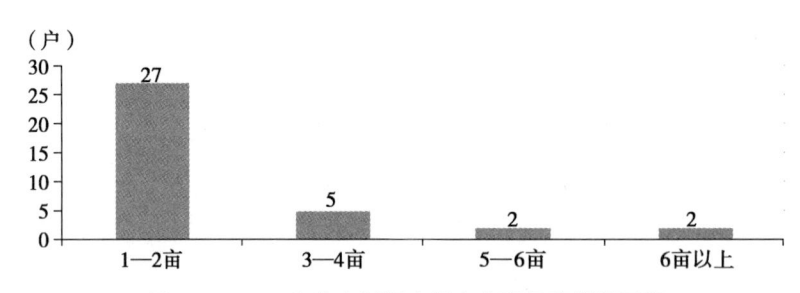

图 9-1 2010 年化山村调查样本实际经营耕地面积

资料来源：根据调查统计数据计算整理。

从图 9-1 我们知道，经营 1—2 亩的农户有 27 户，3—4 亩的有 5 户，5—6 亩的有 2 户，6 亩以上的共有 2 户。绝大多数农户经营的耕地面积都在 1—2 亩的区间段上，占总数的 75%。这大大限制了农业机械化的使用。所以传统农业在这里发展比较困难。另外，经营的耕地使用类型也较少，村民所种的多为旱地（见图 9-2）。

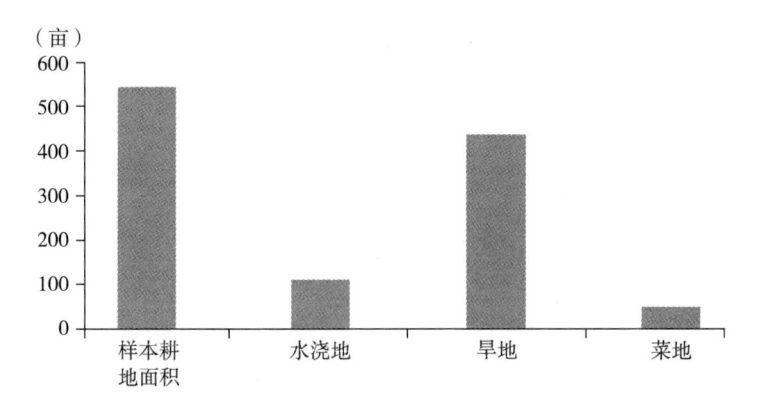

图 9-2 2010 年化山村调查样本耕地使用类型

资料来源：根据调查统计数据计算整理。

水浇田仅有108亩，菜地则更少，大约在50亩。旱地有大约430余亩。耕地多样化经营度较低，种植的绝大多数是粮食和少量蔬菜。当地的气候和地形决定了村民的生产生活方式，由于是一个典型的山区村，因而化山村的交通多有不便，当地农户靠自家仅有的几分耕田生活，生活水平比较低。在所调查的样本农户中，耕田全部为口粮田或责任田，机动田几乎没有。单劳力最大耕种面积为3.5亩，可见，走传统的农业发展之路是困难的。必须解放思想，走一条特色的农村发展富裕之路。

二 土地的使用类型

人们习惯上把山地、丘陵，连同比较崎岖的高原，都称为山区。与平原相比，山区不太适宜粮食作物的种植，且易造成水土流失。但是某些水热条件比较好的地区，可以大力发展林业、牧业，还可以开发观光旅游，增加当地农户收入。由于地形崎岖，基础设施建设难度大，经济基础比较落后。国家应该进行重点扶持和开发，促进均衡发展。

化山村由于植被覆盖率较高，除了少量的耕地之外，更多的则是有林地和灌木林，另外还有较大面积的非养殖水域（见图9-3）。

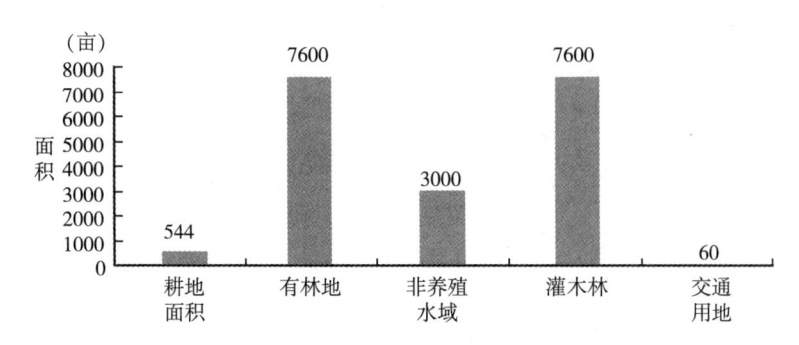

图9-3　2010年化山村调查样本土地使用分类

资料来源：根据调查统计数据计算整理。

土地使用类型反映了土地的经济状态，也是土地利用分类的地域单元。它通常具有以下特点：（1）是在一定的自然条件、社会经济、技术发展程度等各种因素综合作用后产生的结果；（2）在空间分布上具有一定的地域分布规律，虽不一定连片但可重复出现，但同一类型必然具有相似的特点；（3）随着社会经济条件的改善和科学技术水平的提高或受自然灾害和人为的破坏而呈动态变化；（4）它是根据土地利用现状的地域差异划分的，反映土地利用方式、性质、特点及其分布的基本地域单元，具有明显的地域性。通过研究和划分土地利用类型，一可查清各类用地的数量及其地区分布，评价土地的质量和发展潜力；二可阐明土地利用结构的合理性，揭示土地利用存在问题，为合理利用土地资源，调整土地利用结构和确定土地利用方向提供依据。

从图9-3中我们可以大致看出，化山村绝大多数为林地，农户的耕地还不如非养殖的水域面积大。该村农户多半选择走多样化农业经营的方式是正确的，重点抓好林业和旅游业进而带动经济发展。

三 多样化的农业经营模式

农业经营模式是指转变农业发展方式，不断提高农业生产经营的专业化、标准化、规模化和集约化水平，能够巩固农业基础地位，缩小城乡差距，增强农业可持续发展能力。如精准农业、都市农业、蓝色农业、白色农业、有机农业、设施农业、质量农业等。其主要特点是：以家庭经营为主导，以小商品为经营内容，以专业市场为枢纽，以国营或集体企业为依托，运用宏观调节手段，搞活和发展农村商品经济。

由于化山村辟有国家级风景区，旅游业发达。当地政府希望藏富于民，化山村正依靠丰富的旅游资源走上生态旅游之路。他们以经营与林业相关的为主，发展多种经济作物种植，该调查样本中，香菇是该村的主要经济作物（见表9-1）。

表 9-1　　　　2010 年化山村调查样本多样化的经营

	上年种植面积（亩）	上年总产量（公斤）	当年种植面积（亩）	当年总产量（公斤）
玉米	37.5	14575	37.5	14575
香菇	2	20800	3.3	33550
小麦	20.5	5850	20.5	5850
油菜	0	0	1.3	50
蔬菜	0.1	200	0.1	200
水果和干果	3.7	100	3.7	200

资料来源：根据调查统计数据计算整理。

表 9-1 反映了样本农作物的生产和耕种情况。主要的粮食作物小麦只占很少的一部分，而一些经济作物比如香菇、蔬菜、水果等在化山村均有种植，其中香菇和水果的产量较上一年有所增加，玉米、小麦与蔬菜基本持平。样本中有一户在当年种植了油菜。应该说，化山村的农业正向多样化、专业化的模式发展。充分利用当地的地形和气候，发掘一些新的适合在当地做大做强的农业产业项目，这也是新农村建设的一个发展方向。

第二节　化山村土地承包经营

随着家庭承包经营的发展，土地承包的方式和方法也在不断完善。中共中央 1984 年规定，土地承包期到期后再延长 15 年不变，1993 年又要求再延长 30 年不变。延长土地承包期，既消除了农民怕政策变的担心，满足了农民稳定土地使用权的要求，又可以鼓励农民积极向土地投资，进行土壤改良和兴修水利等长远性的农田基本建设，改善生产条件，提高土壤肥力，提高集约经营水平或从事开发性生产。在自愿前提下，还应继续鼓励土地使用权流转，促进土地逐步向种田能手集中，扩大承包者的经营规模，促使农业生产专业化、农业生产结构和农村产业结构的调整，加速发展农村商品经济。

为了鼓励种植业专业户合理利用增加的承包土地,大都规定,集体经济组织要收回这些土地,必须对农户在土地承包经营期间为改良土壤、增加设施等所进行的投资予以合理补偿。农户之间的土地转包既有有偿转包的,也有无偿转包的,但均需征得集体同意,以维护原来承包合同的严肃性。

一 承包期土地调整情况

在土地承包期内,化山村部分经营非种植业的农民仍坚持原土地承包权,不愿把土地转包给其他农民。这部分土地如长期闲置,将会造成土地资源的浪费,影响当地农业生产的发展。化山村为解决这个问题采取了两种办法:一是农户之间协商转包。一般是出包者保留收回土地的权利,并可从承包者手中购得平价口粮。二是缺少劳力户和不愿再承包土地的专业户退出承包地,由集体经济组织统一收回后再行转包。一般是转包给种植业专业户。为了解除退地者对失去土地使用权的疑虑,集体可以和退地户签订合同,保证其需要时可以重新包种土地。

在本次调查样本中,承包期的土地调整次数共进行了两轮,每轮的调整面积也不大,共收取流转土地租金800元,租包转出耕地农户达11户(见表9-2)。

表9-2　　　　　　承包期土地调整次数与面积

第一轮承包期土地调整次数	第一轮承包期土地调整面积(亩)
1	6
第二轮承包期土地调整次数	第二轮承包期土地调整面积(亩)
1	5

资料来源:根据调查统计数据计算整理。

调查了解到,租包转出的耕地共4亩,转出的原因多为原承包户劳动力少,种不过来,或是转向农村非农领域就业(比如开办企业）等。样本中只有一户进行了收取流转土地租金的转包，共 800 元。其余的租包转出并无租金。可以看出，承包期的土地调整规模很小，调整的土地面积也十分有限。

二 村集体承包地分析

农村家庭承包经营不只是一项政策，也是一种国家意志。我国《宪法》第八条规定："农村集体经济组织实行家庭承包经营为基础、统分结合的双层经营体制。"《农业法》第十条明确规定："国家实行农村土地承包经营制度，依法保障农村土地承包关系的长期稳定，保护农民对承包土地的使用权。" 2003 年 3 月 1 日开始实施的《农村土地承包法》进一步给了家庭承包以法律保障。这部法律规定，国家实行农村土地承包制度，并依法保护农村土地承包关系长期稳定；土地承包期限为 30 年，草地和林地可延至 50—70 年；承包期内，发包方不得收回承包地，不得调整承包地；允许在平等协商、自愿和有偿的原则指导下实行土地承包经营权的流转。由此可以看出，党和国家稳定农村土地家庭承包关系的决心是十分坚定的。

化山村的集体承包地主要用于耕地、园地、林地、牧草地和渔业养殖等，而在所调查的样本中则主要经营的是耕地、园地、林地（见图 9-4）。

从图中我们可以清晰地看到，承包地也还是以林地为主，这与我们第一节中分析的化山村的土地使用分类（见图 9-3）相吻合。承包地也主要是从事林地及与林地相关的农副产业。承包的耕地面积只占很少的一部分。另外，尽管承包的林地面积最多，但承包林地的农户数却不是最多的。耕地总的承包面积虽不大，但基本上各家各户多少都有承包（见图 9-5）。

结合以下两图，我们可以看出占有耕地的户数有 36 户，共承包耕地 50.4 亩。承包园地的户数有 3 户，共承包 10.3 亩。承包林

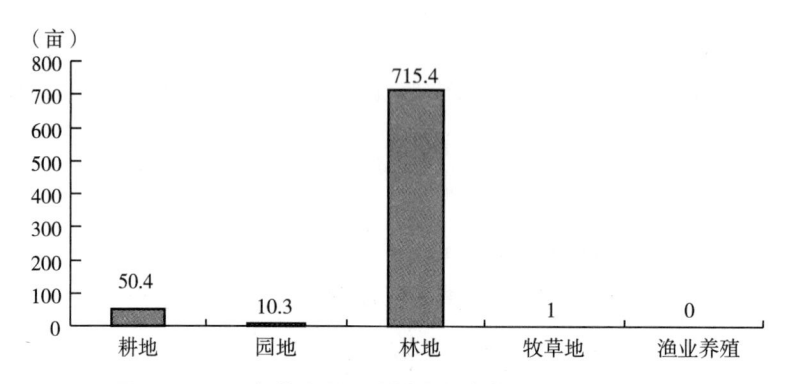

图 9-4　2010 年化山村调查样本从户籍地村集体承包地

资料来源：根据调查统计数据计算整理。

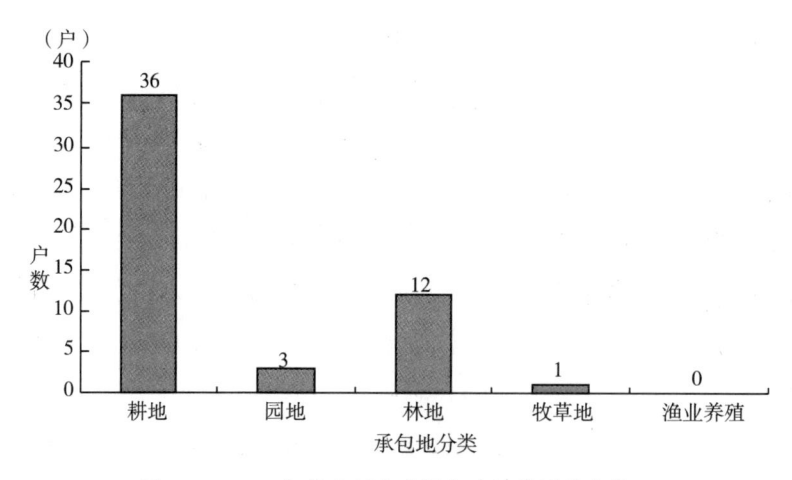

图 9-5　2010 年化山村农户承包农地类型分布状况

资料来源：根据调查统计数据计算整理。

地的农户有 12 户，共承包了 715.4 亩。有一户的承包地用来开发牧草地，仅承包了 1 亩。所调查的样本中未涉及渔业养殖。由此我们可以认为，承包的耕地农户较多但各户的承包数目很小，而林地、园地等是承包户要重点开发投资的项目，尽管承包的户数少，但承包的土地面积大，呈现出集约化经营的趋势，特别是承包的林地（见图 9-6）。

在调查中我们也注意到，化山村是双龙镇的一个较有特色的村子。双龙镇位于河南省西部伏牛山腹地，化山村地处伏牛深山，原

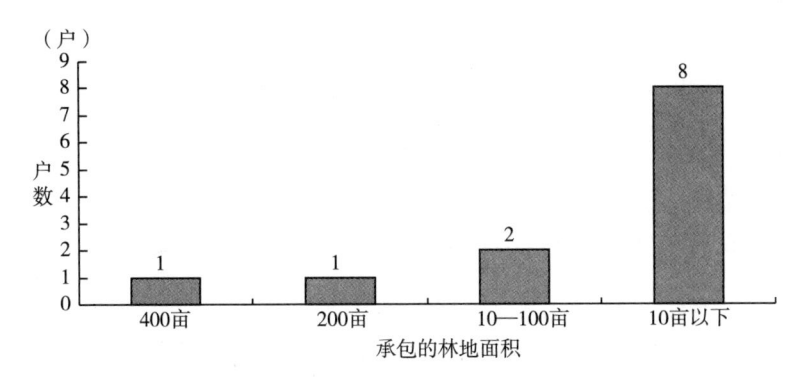

图 9-6　2010 年化山村农户承包林地规模分布状况

资料来源：根据调查统计数据计算整理。

来只有一条不足 200 米的窄小街道。自从龙潭沟景区开发后，村民们美化庭院、修建广场、绿化了村组道路，还依山傍水建起了别墅度假区特色建筑群。村民们依靠经营家庭宾馆、经销土特产品越来越富裕，年人均纯收入由几年前的 1300 多元上升到如今的 7000 多元，一大批农村闲散劳动力加入了餐饮服务、旅游纪念品制作等与旅游产业相配套的行业之中。可见，化山村的经济朝着旅游和林业方向在发展的。应该说，所选的样本还是有一定代表性的。

三　农村施行土地家庭承包经营的必要性分析

首先，农业以家庭经营为基础，更有利于对农作物的管理。农业主要是在耕地上进行作物栽培，农作物生长周期长，通常要经过一年时间。这期间需要有人自始至终负责到底。现在的家庭土地承包经营，已经不是那种小农经济的经营。今天的家庭经营是同社会、同国内外市场有着广泛的联系，它是开放的，在相当程度上和社会化大生产相互沟通。不仅农民使用的种子、化肥、农药、燃油要由社会提供，大面积机械作业、灾害预警、高科技成果的大量应用也是由社会组织实施的。农民已不再是男耕女织的传统式农民，他们正在向独立地从事商品生产和商品交换的现代农民转变。那种把家庭承包同传统小农经济等同起来，同现代农业对立起来的论点是站不住脚的。

其次，农业以家庭经营为基础，符合广大农民的心愿。群众是真正的英雄。处在农业生产第一线的广大农民和基层干部，对于什么样的土地经营方式更有利于发展农业生产力最清楚、最有发言权。20世纪70年代末80年代初，他们冲破阻力，开始家庭承包经营，取得了实效。今天，他们仍然需要继续稳定和完善家庭承包经营。家庭承包经营是农民的伟大创举，最符合农民的心愿。

最后，发展规模经营并不意味着取消家庭承包经营。我国人多地少，农户经营的土地一般都比较细碎。逐步发展规模经营，有利于农业机械的广泛使用、专业化分工的形成和农业商品率的提高。因此，应当鼓励农民在具备客观条件的情况下实行适度规模经营。但是，发展规模经营必须从实际出发。目前，土地规模经营的最大制约因素是农村存在的大量剩余劳动力。能不能实行土地规模经营，关键在于这些剩余劳动力能不能大批转移出去。而农村剩余劳动力的转移，又取决于二、三产业的发展和城市化进程。

规模化经营是一个渐进的、长期的过程。政府不能在条件不具备时，人为地缩短这个过程，而是要通过创造性的工作，形成有效的社会化服务体系和完善的土地流转市场，使农户的经营规模随着劳动力的转移而逐步扩大。农村土地规模经营的形成应主要依靠市场机制，而不是行政机制。规模经营的基础是家庭经营，而不是集体经营。要让农户自己根据市场条件去选择具体的规模经营形式。不能用行政命令的手段强迫一部分农民把土地承包权转交给另一部分农民，也不能强迫农民实行土地合并，重新"归大堆"，恢复原来的集体化模式。

第三节 化山村的宅基地使用

宅基地是指农村的农户或个人占有、利用的集体所有的土地，包括建了房屋的土地、建过房屋但已无地上覆盖物的不能居住的土地以及准备建房用的规划地三种类型。宅基地的所有权属于农村集体经济组织。农户对宅基地上的附着物享有所有权，有买卖和租赁的权利，不受他人侵犯。房屋出卖或出租后，宅基地的使用权随之转给受让人或承租人，但宅基地所有权始终为集体所有。出卖、出租房屋后再申请宅基地的，政府集体土地管理部门不予批准。

一 有关农村宅基地的制度法规

根据《中华人民共和国物权法》的相关规定，宅基地使用权人依法对集体所有的土地享有占有和使用的权利，有权依法利用该土地建造住宅及其附属设施。宅基地使用权的取得、行使和转让，适用土地管理法等法律和国家有关规定。已经登记的宅基地使用权转让或者消灭的，应当及时办理变更登记或者注销登记。

宅基地因自然灾害等原因灭失的，宅基地使用权同时消灭。对失去宅基地的村民，应当重新分配宅基地。农民集体所有的土地，由县级人民政府登记造册，核发证书，确认所有权。农民集体所有的土地依法用于非农业建设的，由县级人民政府登记造册，核发证书，确认建设用地使用权。《土地管理法》第六十三条规定，农民集体所有的土地的使用权不得出让、转让或者出租用于非农业建设；但是，符合土地利用总体规划并依法取得建设用地的企业，因破产、兼并等情形致使土地使用权依法发生转移的除外。《中华人民共和国土地管理法实施条例》第四条，农民集体所有的土地，由土地所有者向土地所在地的县级人民政府土地行政主管部门提出土地登记申请，由县级人民政府登记造册，核发集体土地所有权证书，确认所有权。另外，为进一步加强农村宅基地管理，正确引导农村村民住宅建设合理、节约使用土地，切实保护耕地，在《国务院关于深化改革严格土地管理的决定》中也做了十分具体的规定。

可以说，国家对农村宅基地建设做出了明确规定和部署，有着比较完善的法律文件和行政法规。

二 化山村宅基地现状分析

在我们调查的化山村样本中，耕地转为居住用地的只有1户，土地面积仅有1亩。被村集体征地农户有4户，占所调查的样本的11%，其中有3户的征地补偿已全部到位，1户的征地补偿也以另外安置部分承包地、发放部分补偿费的形式解决。所调查的这4户均同意乡镇（县）政府制定的征地补偿方案。在征地后对家庭的收入方面有两户基本无影响，一户的收入下降，还有一户收入增加。

1. 房屋数量类型的分类

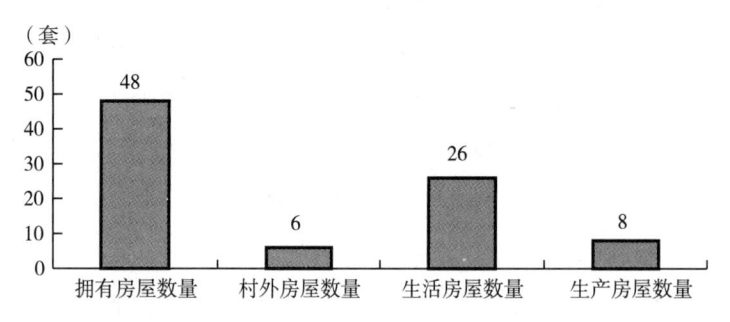

图9-7　2010年化山村调查样本房屋数量类型的分类

资料来源：根据调查统计数据计算整理。

结合图9-7的数据分析可以看出，36户样本共拥有房屋数量为48套。其中拥有3套房屋的1户，2套的10户，其余25户均为1套。我们还注意到，拥有3套房屋的农户其中的2套在村外，拥有两套房屋的10户农户中有4户在村外也都各有1套房屋，所以村外房屋数量共有6套。通过问询调查，样本中真正生活用的房屋数量为26套，生产用房屋8套，另外有8套拥有房屋的农户未做具体说明。样本户拥有的村外房屋用途不一，有的用作生活用房，有的成了生产用房。化山村农户用房的实际情况较为复杂，样本户的调查难以囊括全部，如果想要了解更准确的情况，还需要进一步地采取更大范围的调查。

2. 房屋面积分析

根据《中华人民共和国物权法》第六十二条的规定，农村户籍村民一户只能拥有一处宅基地，其宅基地的面积不得超过省、自治区、直辖市规定的标准。农村村民建住宅，应当符合乡（镇）土地利用总体规划，并尽量使用原有的宅基地和村内空闲地。农村村民住宅用地，经乡（镇）人民政府审核，由县级人民政府批准；其中，涉及占用农用地的，依照本法第四十四条的规定办理审批手续。

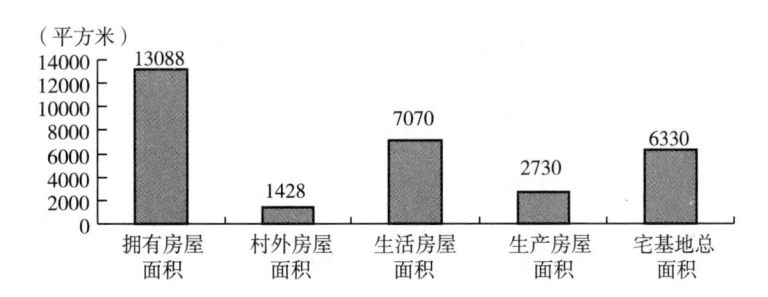

图 9-8 2010年化山村调查样本房屋面积

资料来源：根据调查统计数据计算整理。

由于该调查涉及个人隐私，房屋面积测量也难免出现误差等诸多原因，在我们调查的样本中，生产房屋面积+生活房屋面积+村外房屋面积<拥有的房屋面积。还有一户拥有房屋面积数据未知，只知道村外房屋一套，面积有300平方米。生产房屋一套，面积300平方米，另有宅基地共80平方米。由于数据的复杂性，我们暂且只做了面积均值的数据分析，所能反映的也仅是2010年化山村调查样本户房屋面积的大体情况（见图9-9）。

在宅基地面积中，样本面积最大值为500平方米，最小的为80平方米（见图9-10）。

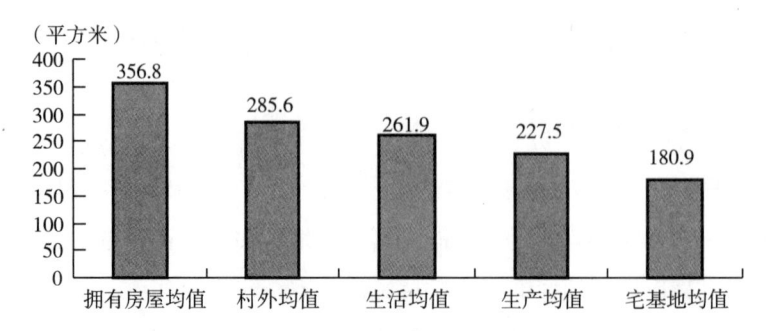

图9-9　2010年化山村农户各类房屋面积均值

注：村外均值为那6户有村外房屋的均值。拥有房屋均值为35户样本的数值均值。其他的也以此类推求得。

资料来源：根据调查统计数据计算整理。

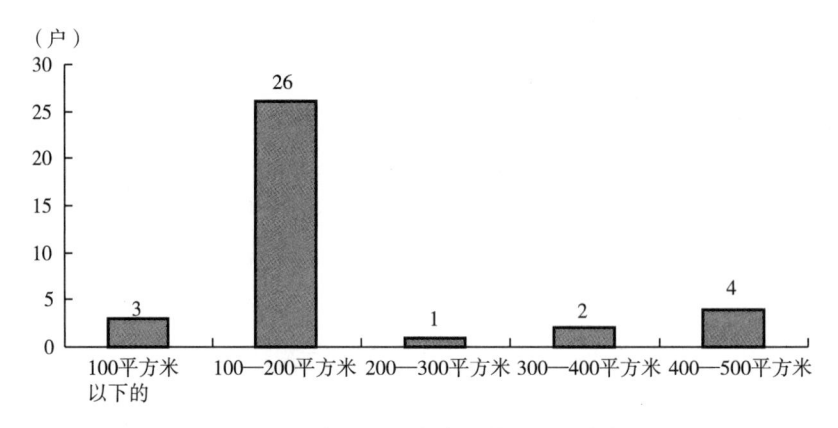

图9-10　2010年化山村农户宅基地面积分布状况

资料来源：根据调查统计数据计算整理。

由图9-10可知，样本中大多数的宅基地面积在100—200平方米，其他区间段上的较少。500平方米的只有一户，没有宅基地的（可能数据不详）仅有一户。宅基地成相对集中分布。1998年修订的《土地管理法》已明确规定一户只能拥有一处宅基地，因为土地资源的有限性，不可能给每个农村居民提供更多的宅基地，而每户申请到一处宅基地，即足以保证其基本的生活需要，避免了因宅基地使用过多泛滥导致土地资源的浪费。

但是，农村宅基地的划归、占有、使用等情况比较复杂，以化山村为例，调查中我们发现，在农村中客观存在一户可能拥有多处宅基地的情况，如某人分家后审批了宅基地又继承了父母的房屋，形成多处宅基地的情况。再如子女成家，申请了宅基地，却未与父母分户，形成一户拥有两块宅基地。法律是否禁止公民获得两处以上的宅基地呢？一种观点认为，既然现行法律禁止公民拥有一处以上宅基地，因此对于多出来的宅基地，应当由集体收回。另一种观点认为，公民只要是通过合法的方式取得宅基地，集体不能予以收回。否则，等于禁止公民房屋的继承和买卖。当然，公民拥有两处以上的宅基地可能会造成土地的浪费。调查中我们认为如果宅基地长期闲置的，集体应当有权重新规划、调整，以保证土地资源的有效利用，集体如果因规划调整需要收回宅基地的，应当给予恰当的补偿。

3. 房屋现值情况分析

在我们调查的样本中，有 2006 年以后才建造的钢筋混凝土的楼房和平房，也有砖木的楼房和其他房，还有 1975 年建的竹草土坯结构的简易房等。从一个侧面也反映出贫富差距是很明显的。

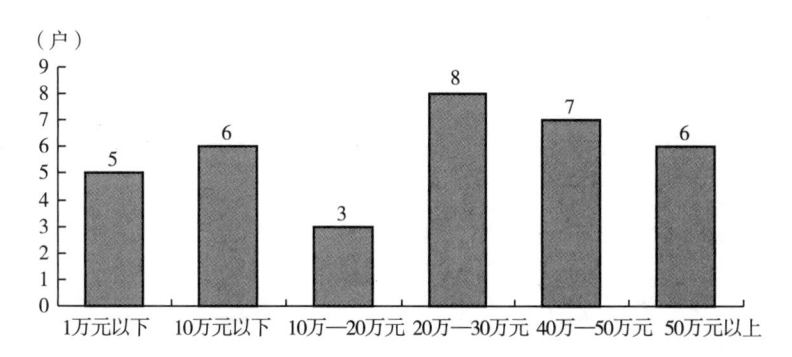

图 9-11　2010 年化山村调查样本拥有房屋现值分类

资料来源：根据调查统计数据计算整理。

拥有房屋现值中最低的是 1981 年修建的竹草土坯结构 90 平方米房，价值 600 元。统计中我们发现，该农户只有这一间 90 平方米的生活用房，炊事做饭用的还是柴草，生活用水为江河湖水，生活较为困难。而在 50 万以上的房屋价值中最高的是市值 100 万元，面积 168

平方米的混凝土楼房。房屋现值两者相差 160 多倍。可见，同样生活在一个村庄，贫富差距也同样十分巨大。住在 600 元竹草土坯房中的一对常年患病的老夫妇，未上过学。而拥百万住宅的男主人 54 岁、高中文化，夫妇身体健康，从事餐饮业收入可观。身体状况与文化知识高低也是造成农村贫富悬殊的一个原因。在图 9-11 中我们看到，拥有房屋现值在 20 万—30 万元共有 8 户，40 万—50 万元的 7 户，50 万元以上的有 6 户，三者总数已超过样本总数一半。

表 9-3 2010 年化山村调查样本最富有的房屋现值占总数比例

调查样本房屋现值大体情况						
项目	N	极小值	极大值	和	均值	标准差
拥有房屋现值	36	0.06	100.00	1127.14	31.3094	26.31583
生活房屋现值	27	0.06	45.00	499.14	18.4867	15.73702
生产房屋现值	14	0.00	50.00	344.00	24.5714	17.13617

资料来源：根据调查统计数据计算整理。

住房达 50 万元以上的 6 户拥有房屋现值之和占全部 36 户样本房屋现值之和的近三成。生活房屋现值因各种原因我们只统计到了 27 户，生产房屋现值统计了 12 户。在拥有房屋现值 50 万元以上的 6 户样本中，生活和生产房屋现值都只统计了 3 户（见图 9-12）。

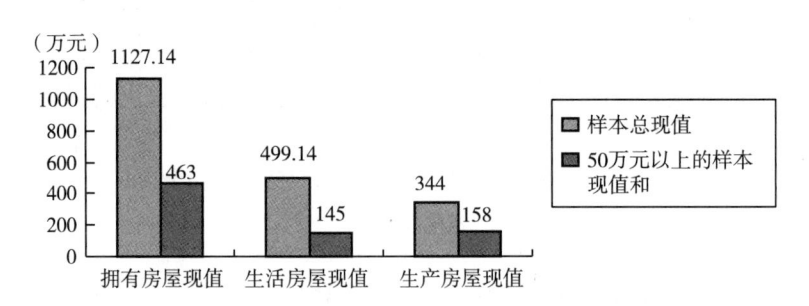

图 9-12 2010 年化山村农户拥有房屋现值状况

注：拥有房屋的现值＝生活房屋现值＋生产房屋现值。

资料来源：根据调查统计数据计算整。

三 农村宅基地使用权流转问题分析

1. 宅基地使用权具有如下特点

首先，农村的宅基地与集体经济组织成员的权利和利益是联系在一起的。也就是说，农民申请宅基地很大程度上是因为农民是农村集体、经济组织的成员，每一个成员都有权以个人或者农户的名义申请宅基地，土地的有限性决定了集体经济组织以外的人员一般不能申请宅基地。这样农村的宅基地就具有了一定的福利性质，这种福利主要表现在农民能够廉价取得宅基地，获取基本的生活条件，这也是农村居民享有的最低限度的生活福利。因为提供了宅基地，农村居民享有了基本的居住条件，从而维护了农村的稳定。由于宅基地的这种福利性质，集体经济组织的成员获得宅基地大多是无偿的或者只要支付较少的地款就可以获得，而不可能按市价购买。

其次，宅基地使用权是特定主体对于集体土地的用益物权。宅基地作为用益物权，表现在权利人可以对宅基地长期占有、使用的权利。对于宅基地，权利人有权在宅基地上建设房屋和附属物。由于房屋可以继承，所以宅基地使用权实质上也可以继承，因此宅基地使用权是一种无期限限制的即长期的权利。尽管权利人对宅基地享有长期的使用权，但这种使用权也不是永远不变的。如果因为国家建设需要征用土地，或者村镇规划需要改变土地用途，或者居民个人的宅基地实际占有过多，超过了当地规定的标准，可以经过法定程序，进行合理的调剂或重新安排的。应当指出的是，由于宅基地主要是作为生活资料提供的，所以权利人不能将宅基地作为生产资料使用，例如将宅基地投资建厂或者改为鱼塘等。

宅基地已依法经过统一规划的，以规划后确定的使用权为准。公民原用的宅基地已经依法统一规划另行分配了的，不得再要求收回。宅基地经过法定程序个别调整了的，以调整后的所有权为准。

抢占、多占集体土地或他人的宅基地的，一律无效并予以追回。不按审批权限或程序划拨的宅基地，法律一般不予保护。

2. 宅基地使用权在流转上存在的问题浅析

从现代西方产权理论分析（现代西方产权理论的先行者是科斯）。归结起来有三大理论：一是交易费用理论；二是产权界定与资源配置关系理论；三是外部性理论。科斯指出，当存在交易成本时，产权的初始界定会对经济制度运行的效率产生影响。化山村农村宅基地现行流转方式中，产权的初始界定不清导致了流转大受限制，流转价格混乱不堪。此外，产权的功能是建立激励机制来有效利用资源。产权的明晰无疑会促进农村宅基地流转的健康运行，进而增加农民的财产性收益，更好地抑制小产权房的产生。

我们必须看到，农村宅基地尽管是一种财产权利，但是具有一定的身份性质，所以宅基地只能在集体经济组织成员之间自由转让。如果限制宅基地使用权的转让和抵押，就会使农村的不动产难以进入市场进行交易，在一定程度上会限制农民的融资手段，甚至会阻碍农村经济的发展。

化山村很少有农户用宅基地作担保，由于缺乏估价能力以及价格机制，导致宅基地交易的合法性存在质疑，买方担心在地价攀升后敲竹杠等行为，农宅的买卖存在着风险。现阶段许多村民已经进城打工，有的还在城里购置了房产，农村的房屋处于闲置状态。如果不允许村民转让，会造成房屋的长期闲置，不符合"物尽其用"的原则。因此，法律虽不允许宅基地使用权的自由转让和抵押，但应当允许农村居民对宅基地长期出租，对于出租的对象，在法律上也不应当有所限制。

宅基地使用权在转让给集体经济组织的其他成员以后，如果是按照市价转让的，应当向集体补交适当的地价。宅基地使用权与所有权联系在一起，带有不定期的福利性质。公民取得宅基地支付的费用很少，如果某个人取得多处宅基地使用权，可能会损害其他成员的权利,对其他成员也不公平。正因为农村宅基地使用权确与所有权有一定的联系,所以转让房屋时,集体对转让房屋者要适当收取一定的宅基地费用。至于卖房后,农村居民没有房住则依照"一户只能申请一处宅基地"的原则,凡已经行使了宅基地申请权且取得了宅基地,在转让房屋后又无房住者,不能再申请取得宅基地,只能依转让、出租的方法取得宅基地;凡未行使宅基地申请权的,即原来是依继承、转让、出租的方式取得宅基地者,转让房屋后无房住时,可申请宅基地,农村宅基地管理部门应给予批划宅基地。另外,要继续完善宅基地使用权登记制度。对现有的农村宅基地和农民住宅,明确宅基地可以流转的具体条件,对符合条件的宅基地和房屋,依照规定完善确权及登记发证手续,对手续齐备、建造合法的农村宅基地及其地上房屋颁发《集体土地使用证》《房屋产权证》等证书,允许农村宅基地进入土地交易市场,明确经确权登记发证的农民的住宅可以转让、出租、抵押,但不得改变住宅用途。

第十章

农业生产经营情况

化山村耕地面积少，全村耕地面积544亩，人均耕地只有半亩之多。在有限的耕地中，大部分为旱地，有436亩，约占总耕地面积的80%，水浇地只有108亩，其中有菜地50亩。化山村耕地面积虽不多，但林地面积却不少，高达96000亩地。农林土地资源的这些特点决定了化山村农业生产经营的特点。

一　化山村农作物种植品种、播种面积与产量

1. 农作物种植品种主要为玉米、小麦、香菇和猕猴桃

化山村为北亚热带季风型大陆性气候，气候温和，雨量适中，适宜种植的粮食农作物为小麦和玉米。从我们所获得的调研数据也证实了这一点。在36户有效样本中，30户有农作物种植，其余6户没有农作物种植。据可得调研数据，具体见表10-1。30户农作物种植户种植品种主要为粮食农作物玉米和小麦，其他农作物主要有香菇、水果（主要是猕猴桃）以及蔬菜和油菜等。其中，26户种植玉米，占农作物种植户的86.7%；11户种植小麦，占农作物种植户的36.7%；9户种植香菇，占农作物种植户的30%；4户种植水果或干果，占农作物种植户的13.3%；1户种植蔬菜，占农作

物种植户的 3.3%；1 户种植油菜，占农作物种植户的 3.3%。显然可见，化山村农户农作物种植品种依次为玉米、小麦、香菇、猕猴桃、蔬菜和油菜，其中玉米和小麦是最主要的粮食种植作物，香菇和猕猴桃为重要的农业经济作物。

表 10-1　　　　化山村农户农作物种植品种

户编号	品种	户编号	品种
HS-001	—	HS-022	3. 玉米
HS-002	3. 玉米	HS-023	3. 玉米
HS-003	11. 其他（香菇）	HS-024	1. 小麦
HS-004	11. 其他（香菇）	HS-024	11. 其他（香菇）
HS-004	3. 玉米	HS-024	3. 玉米
HS-005	—	HS-025	6. 水果/干果
HS-006	1. 小麦	HS-026	1. 小麦
HS-006	3. 玉米	HS-026	11. 其他（香菇）
HS-007	—	HS-026	3. 玉米
HS-008	11. 其他（香菇）	HS-027	1. 小麦
HS-008	3. 玉米	HS-027	3. 玉米
HS-008	8. 油菜	HS-028	1. 小麦
HS-009	1. 小麦	HS-028	11. 其他（香菇）
HS-009	3. 玉米	HS-028	3. 玉米
HS-010	—	HS-029	1. 小麦
HS-011	—	HS-029	3. 玉米
HS-012	3. 玉米	HS-030	1. 小麦
HS-013	3. 玉米	HS-030	3. 玉米
HS-014	3. 玉米	HS-031	11. 其他（香菇）
HS-015	3. 玉米	HS-031	3. 玉米
HS-016	5. 蔬菜	HS-032	6. 水果/干果
HS-017	3. 玉米	HS-033	3. 玉米
HS-018	3. 玉米	HS-033	6. 水果/干果
HS-019	11. 其他（香菇）	HS-034	1. 小麦
HS-019	3. 玉米	HS-034	3. 玉米

续表

户编号	品种	户编号	品种
HS-020	1. 小麦	HS-034	6. 水果/干果
HS-020	3. 玉米	HS-035	11. 其他（香菇）
HS-021	—	HS-035	3. 玉米
HS-022	1. 小麦	HS-036	3. 玉米

资料来源：根据调研统计数据整理计算。

2. 化山村农户农作物种植面积与产量

玉米种植面积与产量，见表10-2。从表中可知，有26户种植玉米，从种植面积看，每户种植面积0.4—3亩不等，种植面积不大，这与化山村人均耕地面积少这一情况相符。2009年，玉米种植总面积为37.5亩，户均约1.4亩，2010年种植总面积没有发生变化，也为37.5亩。从产量看，每户总产量200—1500公斤不等，2009年26户总产量为14575公斤，户均560.6公斤，每户亩均产量125—500公斤不等，平均亩产388.7公斤。2010年与2009年产量相同。

表10-2　　2009—2010年化山村玉米种植面积与产量

户编号	2009年种植面积（亩）	2009年总产量（公斤）	2010年种植面积（亩）	2010年总产量（公斤）	亩均产量（公斤）
HS-002	1	300	1	300	300.0
HS-004	2	1000	2	1000	500.0
HS-006	1	300	1	300	300.0
HS-008	1.3	500	1.3	500	384.6
HS-009	2	1000	2	1000	500.0
HS-012	2	250	2	250	125.0
HS-013	0.5	200	0.5	200	400.0
HS-014	1	200	1	200	200.0
HS-015	1	400	1	400	400.0
HS-017	1.6	300	1.6	300	187.5

续表

户编号	2009年种植面积（亩）	2009年总产量（公斤）	2010年种植面积（亩）	2010年总产量（公斤）	亩均产量（公斤）
HS-018	0.9	500	0.9	500	555.6
HS-019	1	300	1	300	300.0
HS-020	1	350	1	350	350.0
HS-022	2.1	600	2.1	600	285.7
HS-023	0.6	225	0.6	225	375.0
HS-024	1	400	1	400	400.0
HS-026	1	500	1	500	500.0
HS-027	3	1000	3	1000	333.3
HS-028	2.4	1000	2.4	1000	416.7
HS-029	3	1500	3	1500	500.0
HS-030	3	1200	3	1200	400.0
HS-031	1	700	1	700	700.0
HS-033	0.4	300	0.4	300	750.0
HS-034	1	500	1	500	500.0
HS-035	1.2	400	1.2	400	333.3
HS-036	1.5	650	1.5	650	433.3
合计	37.5	14575	37.5	14575	388.7

资料来源：根据调研统计数据整理计算。

小麦种植面积与产量，见表10-3。从表中可知，有11户种植小麦，从种植面积看，每户种植面积1—3亩不等，种植面积不大，这与化山村人均耕地面积少这一情况相符。2009年，小麦种植总面积为20.5亩，户均约1.9亩，2010年种植总面积没有发生变化，也为20.5亩。从产量看，每户总产量300—1000公斤不等，2009年11户总产量为5850公斤，户均531.6公斤，每户亩均产量238.1—333.3公斤不等，平均亩产285.4公斤。2010年与2009年产量相同。小麦平均亩产量同玉米平均亩产量388.7公斤相比相差100多公斤。这也是26户农户选择种植玉米而只有11户农户选择种植小麦的主要原因。小麦与玉米在亩均产量上的差距，很大一部分原因在于小麦生长过程的大部分时间为干旱少雨的冬春，而化山村耕地多属旱地，水浇地较少，加之山区耕地均为山坡地，位置偏远分散，即使是水浇地，灌溉并不十分方便，农户往往寄希望于天，这样就造成了在干旱的春天急需水分的小麦在得不到灌溉的情况下大量减产。而玉米主要生长于雨水丰富的夏季，即使是旱地，玉米受影响也不大。基于上述原因，造成小麦亩均产低于玉米亩均产，更多农户选择了种植玉米。

表 10-3　2009—2010 年化山村小麦种植面积与产量

户编号	2009 年种植面积（亩）	2009 年总产量（公斤）	2010 年种植面积（亩）	2010 年总产量（公斤）	亩均产量（公斤）
HS-006	1	300	1	300	300.0
HS-009	2	500	2	500	250.0
HS-020	1	300	1	300	300.0
HS-022	2.1	500	2.1	500	238.1
HS-024	1	300	1	300	300.0
HS-026	1	300	1	300	300.0
HS-027	3	1000	3	1000	333.3
HS-028	2.4	700	2.4	700	291.7
HS-029	3	900	3	900	300.0
HS-030	3	750	3	750	250.0
HS-034	1	300	1	300	300.0
合计	20.5	5850	20.5	5850	285.4

资料来源：根据调研统计数据整理计算。

香菇种植面积与产量，见表 10-4。从表中可知，2009 年，有 6 户种植香菇，从种植面积看，每户种植面积 0.1—0.8 亩不等，种植面积不大，主要是因为香菇为劳动密集产业，香菇种植是按袋料数量种植。2009 年，香菇种植总面积为 2 亩，户均约 0.3 亩。2010 年香菇种植农户增加至 9 户，种植总面积增加至 3.3 亩，户均约

0.4亩。从产量看，2009年，每户总产量1300—12000公斤不等，根据可得数据，2009年3户总产量为20800公斤，户均6933.3公斤，每户亩均产量13000—37500公斤不等，平均亩产18909.1公斤。2010年，每户总产量1300—12000公斤不等，根据可得数据，2010年5户总产量为33550公斤，户均6710公斤，每户亩均产量13000—45000公斤不等，平均亩产18638.9公斤。同2009年比较，2010年香菇种植面积和种植户数都有所增长，总产量也有所增长，亩均产量变化不大。

表10-4　　2009—2010年化山村香菇种植面积与产量

户编号	2009年种植面积（亩）	总产量（公斤）	亩均产量（公斤）	2010年种植面积（亩）	总产量（公斤）	亩均产量（公斤）
HS-003	0.1	1300	13000	0.1	1300	13000
HS-004	0.8	12000	15000	0.9	12000	13333.3
HS-008	0.3	—	—	0.3	—	—
HS-019	0	—	—	0.2	—	—
HS-024	0	—	—	0.2	—	—
HS-026	0.2	7500	37500	0.3	9000	45000
HS-028	0.3	—	—	0.8	—	—
HS-031	0.3	—	—	0.3	7500	25000
HS-035	0	—	—	0.3	3750	12500
合计	2	20800	18909.1	3.3	33550	18638.9

资料来源：根据调研统计数据整理计算。

猕猴桃种植面积与产量，见表10-5。从表中可知，有4户种植猕猴桃，从种植面积看，每户种植面积0.2—1.7亩不等，种植面积不大。由于猕猴桃种植一般三年才能挂果，故有3户产量空缺，原因为猕猴桃尚未挂果。2009年，猕猴桃种植总面积为3.7亩，户均约0.9亩。2010年猕猴桃种植总面积不变。从产量看，2009年，有可得数据的1户总产量为100公斤，亩均500公斤。2010年，该户总产量增加至200公斤，亩均1000公斤。同2009年比较，2010年猕猴桃种植面积总产量和亩均产量都增长很快，增加了 1 倍。

表 10-5　2009—2010 年化山村水果猕猴桃种植面积与产量

户编号	2009 年种植面积（亩）	总产量（公斤）	亩均产量（公斤）	2010 年种植面积（亩）	总产量（公斤）	亩均产量（公斤）
HS-025	0.2	100	500.0	0.2	200	1000.0
HS-032	1.7	未开始挂果	未开始挂果	1.7	未开始挂果	未开始挂果
HS-033	0.8	未开始挂果	未开始挂果	0.8	未开始挂果	未开始挂果
HS-034	1	未开始挂果	未开始挂果	1	未开始挂果	未开始挂果
合计	3.7	100	500	3.7	200	1000

资料来源：根据调研统计数据整理计算。

蔬菜和油菜种植面积与产量，见表 10-6 和表 10-7。从表中可知，有 1 户种植蔬菜，1 户种植油菜。从种植面积看，蔬菜和油菜种植面积分别为 0.1 亩和 1.3 亩，种植面积不大。2009 年，蔬菜种植总面积为 0.1 亩，2010 年蔬菜种植总面积不变。2010 年，油菜种植面积为 1.3 亩。从产量看，2009 年 1 户蔬菜种植户总产量为 200 公斤，亩均 2000 公斤。2010 年，该户总产量不变。2010 年，1 户油菜种植户总产量为 50 公斤，亩均 38.5 公斤。从总产数量看，蔬菜和油菜的种植仅为满足个人消费需要，不会用于销售。

表 10-6　2009—2010 年化山村蔬菜种植面积与产量

户编号	2009 年种植面积（亩）	总产量（公斤）	2010 年种植面积（亩）	总产量（公斤）	亩均产量（公斤）
HS-016	0.1	200	0.1	200	2000

资料来源：根据调研统计数据整理计算。

表 10-7　2009—2010 年化山村油菜种植面积与产量

户编号	2009 年种植面积（亩）	总产量（公斤）	亩均产量（公斤）	2010 年种植面积（亩）	总产量（公斤）	亩均产量（公斤）
HS-008	0	0	0	1.3	50	38.5

资料来源：根据调研统计数据整理计算。

从六种农作物的种植面积和产量看，按顺序从大小高低排，2009年种植总面积依次为玉米、小麦、猕猴桃、香菇、蔬菜和油菜，2010年种植总面积依次为玉米、小麦、猕猴桃、香菇、油菜和蔬菜；2009年总产量依次为香菇、玉米、小麦、蔬菜、猕猴桃、油菜，2010年总产量依次为香菇、玉米、小麦、蔬菜和猕猴桃、油菜；2009—2010年平均亩产量依次为香菇、蔬菜、猕猴桃、小麦、玉米和油菜。

总体来看，化山村农作物种植面积很小，不足以形成规模化经营。除香菇、猕猴桃等经济作物外，粮食作物产量也不高。农业生产水平尤其是粮食作物生产水平较低。

二 化山村农户农业设施拥有情况与农业技术应用情况

1. 农户农业设施拥有情况

化山村没有温室面积，大棚面积为香菇种植面积，2010年共有9户种植香菇，种植面积为0.1—0.9亩不等，种植总面积即大棚总面积为3.3亩，具体见表10-4中2010年化山村香菇种植面积。从得到的调研数据看，2010年化山村农业生产用房有8套。

2. 农业技术应用情况

化山村农业技术应用水平还比较低，具体见表10-8。从表中可以看出，在调研样本农户中，机耕面积为11亩，每户0.4—2.4亩不等；机电灌溉、喷灌、滴灌渗灌、地膜覆盖和中小棚覆盖面积均为零；机播面积为8亩，每户0.5—2.4亩不等；机收面积仅为3.1亩，每户1—2.1亩不等。由前文可知，2010年调研样本农户农作物播种总面积为66.4亩，考虑到香菇和猕猴桃基本不涉及机械化作业，故减去两种作物种植面积，其余为59.4亩。机耕、机播和机收面积分别占总种植面积的18.6%、13.5%、5.2%，农业机械化程度很低。此外，农户农药使用总量为17公斤，每户0.5—5公斤不等；化肥使用总量为2910公斤，每户35—500公斤不等。

机耕农户有9户,机播农户为6户,机收农户为2户,使用农药农户为11户,使用化肥农户为20户。由此可见,在农业技术应用上,按普及程度大小次序排依次为化肥使用、农药使用、机耕、机播和机收。

总体看,化山村农业生产技术水平较低。原因部分在于化山村属于山区村,农业技术应用成本高、困难大、回报低,另外一部分原因在于化山村经济发展以旅游业为主,许多农户将主要时间和资金投入与旅游业相关的住宿餐饮业等第三产业,农业生产经营投入就相对不足。

表 10-8　　　　2010年化山村农业技术应用情况　　　单位:亩、公斤

户编号	机耕	机电灌溉	喷灌	滴灌渗灌	机播	机收	地膜覆盖	中小棚覆盖	农药使用量	化肥施用量
HS-001	0	0	0	0	0	0	0	0	0	0
HS-002	1	0	0	0	1	0	0	0	0	100
HS-003	0	0	0	0	0	0	0	0	0	0
HS-004	0	0	0	0	0	0	0	0	2	100
HS-006	0	0	0	0	0	0	0	0	0	0
HS-007	0	0	0	0	0	0	0	0	0	0
HS-008	0	0	0	0	0	0	0	0	0.5	150
HS-009	0	0	0	0	0	0	0	0	0	0
HS-010	0	0	0	0	0	0	0	0	0	0
HS-011	0	0	0	0	0	0	0	0	0	0
HS-012	0	0	0	0	0	0	0	0	1	150
HS-013	0.5	0	0	0	0.5	0	0	0	0	100
HS-014	0	0	0	0	0	0	0	0	2.5	35
HS-015	0	0	0	0	0	0	0	0	0	75
HS-016	0	0	0	0	0	0	0	0	0	0
HS-017	1.6	0	0	0	0	0	0	0	0	50
HS-018	0	0	0	0	0	0	0	0	0	100
HS-019	0	0	0	0	0	0	0	0	0.5	100
HS-020	1	0	0	0	1	1	0	0	2	100

续表

户编号	机耕	机电灌溉	喷灌	滴灌渗灌	机播	机收	地膜覆盖	中小棚覆盖	农药使用量	化肥施用量
HS-021	0	0	0	0	0	0	0	0	0	0
HS-022	2.1	0	0	0	2.1	2.1	0	0	0	300
HS-023	0	0	0	0	0	0	0	0	0	0
HS-024	1	0	0	0	1	0	0	0	0	100
HS-025	0	0	0	0	0	0	0	0	0	0
HS-026	0	0	0	0	0	0	0	0	0.5	150
HS-027	0	0	0	0	0	0	0	0	0	0
HS-028	2.4	0	0	0	2.4	0	0	0	5	200
HS-029	0	0	0	0	0	0	0	0	0	0
HS-030	0	0	0	0	0	0	0	0	0	0
HS-031	0	0	0	0	0	0	0	0	1	150
HS-032	0	0	0	0	0	0	0	0	0	0
HS-033	0.4	0	0	0	0	0	0	0	0	150
HS-034	1	0	0	0	0	0	0	0	0	500
HS-035	0	0	0	0	0	0	0	0	1	150
HS-036	0	0	0	0	0	0	0	0	1	150
合计	11	0	0	0	8	3.1	0	0	17	2910

资料来源：根据调研统计数据整理计算。

三 化山村农户畜禽养殖情况

1. 畜禽养殖农户数量

化山村畜禽养殖农户为18户，占调研农户样本总数量的50%，具体见表10-9。

2. 化山村农户畜禽养殖品种

化山村农户畜禽养殖品种主要为猪、鸡、鸭、鹅、蜂，没有农户养殖山羊、绵羊、兔和能繁殖的母猪。其中，养猪农户为6户，占调研农户样本总数量的16.7%，占畜禽养殖农户的33.3%；养鸡农户为17户，占调研农户样本总数量的47.2%，占畜禽养殖农户的94.4%；养鸭农户为3户，占调研农户样本总数量的8.3%，占畜禽养殖农户的 16.7%；养鹅农户为 1 户，占调研农户样本总数量的 2.8%，占畜禽养殖农户的 5.6%；养蜂农户为 4 户，占调研农户样本总数量的 11.1%，占畜禽养殖农户的 22.2%。由此可见，农户养殖最多的品种为鸡，其次依次为猪、蜂、鸭和鹅。从养殖品种看，化山村农户畜禽养殖的品种多为农家常见，如猪、鸡、鸭、鹅；蜂相对少见，但化山村养蜂农户并不算很少，这是因为化山村属山区村，村周围有大面积山林，适合放蜂。据一养蜂农户介绍，他的蜂箱就直接放在山林中。

3. 农户畜禽养殖数量

化山村农户养殖数量最多的为鸡，数量从 2 只到 30 只不等，依次为蜂、鸭、猪和鹅。据调研了解，化山村农户畜禽养殖除 2 户养蜂出售蜂蜜和 1 户养猪销售盈利外，其他农户基本为农户家庭自用，不以营利为目的。

表 10-9　　　　　2010 年化山村农户畜牧业养殖情况

户编号	猪（头）	鸡（只）	鸭（只）	鹅（只）	蜂（箱）
HS-003	6	30	0	1	0
HS-006	1	7	3	0	1
HS-008	0	6	0	0	1
HS-015	0	10	0	0	0
HS-018	0	6	0	0	0
HS-022	0	15	0	0	0
HS-023	1	4	0	0	0
HS-024	0	10	0	0	0
HS-025	0	5	0	0	0
HS-026	1	2	0	0	0
HS-027	0	11	5	0	0
HS-028	0	15	0	0	15
HS-029	1	12	10	0	0
HS-030	1	0	0	0	0
HS-031	0	5	0	0	30
HS-033	0	13	0	0	0

续表

户编号	猪（头）	鸡（只）	鸭（只）	鹅（只）	蜂（箱）
HS-034	0	15	0	0	0
HS-036	0	10	0	0	0
合计	11	176	18	1	47

资料来源：根据调研统计数据整理计算。

图 10-1　化山村农户养蜂蜂箱

四　化山村农户粮食消费、库存与销售情况

由前文可知，化山村粮食农作物主要为玉米和小麦，种植总面积和产量都不高，玉米总种植面积、总产量及亩产量均高于小麦。这一状况直接影响了农户粮食消费、库存与销售。

1. 粮食销售的品种、数量、收益与渠道

化山村农户粮食销售的品种、数量、收益与渠道见表 10-10。由表 10-10 可知，化山村农户粮食销售全部为玉米，没有农户销售小麦，玉米销售量不大，收益不高，销售渠道畅通。从表 10-10 中可以看出，销售玉米的农户数量不多，只有 7 户，占玉米种植户的 26.9%。也就是说，大部分玉米种植户没有多余玉米供出售，而仅用于自己消费。其中主要原因在于农户种植面积小，单产低，总产量不高。而且即使有玉米出售的农户，其销售量也不大，2010年7家农户玉米总销售量为2850公斤，每户销售量150—750公斤不等，户均只有407公斤。玉米的销售价格为每公斤1.6元或2元，按最高价每公斤2元计算，户均年销售玉米收入只有800余元。这对于增加农民收入只能是杯水车薪。从销售渠道看，8家出售玉米的农户中有5家为商贩上门收购，其余3家为直接销售给市场。由此可见，玉米销售渠道很畅通，这与日益活跃的农村市场经济息息相关。没有农户出售小麦，主要原因在于小麦种植成本高，种植面积小，单产低，产出往往还不能或刚好满足自己家庭需要，没有多余供销售。

2. 年末粮食库存

化山村年末粮食库存主要为玉米，且库存量都不大。26家玉米种植农户中12家有库存，占46.2%，农户玉米库存总量为2100公斤，户均库存175公斤，库存量不大。小麦库存农户有2家，占小麦种植户的18.2%。在没有销售的情况下，农户的库存率很低，这反映出农户小麦产量难以满足自身消费这一在化山村普遍存在的现象。而且2家农户库存量都很低，一家为100公斤，另外一家为200公斤。如此低的库存量满足自身需求都很困难。因此，购买粮食就成为化山村农户粮食消费的一个主要来源了。

表 10-10　　　　2010 年化山村农户粮食销售与库存

户编号	品种	当年销售量（公斤）	销售价格（元/公斤）	销售途径	年末库存（公斤）
HS-004	2. 玉米	500	2	2. 商贩上门收购	300
HS-008	2. 玉米	350	1.6	2. 商贩上门收购	100
HS-009	2. 玉米	200	2	4. 销售给市场	100
HS-012	2. 玉米	150	1.6	2. 商贩上门收购	100
HS-015	2. 玉米	0	—	—	200
HS-024	2. 玉米	0	—	—	100
HS-026	2. 玉米	0	—	2. 商贩上门收购	350
HS-027	2. 玉米	750	2	4. 销售给市场	200

续表

户编号	品种	当年销售量（公斤）	销售价格（元/公斤）	销售途径	年末库存（公斤）
HS-028	2. 玉米	0	—	—	200
HS-031	2. 玉米	400	2	2. 商贩上门收购	200
HS-035	2. 玉米	0	—	—	150
HS-036	2. 玉米	500	2	4. 销售给市场	100
合计		2850	—	—	2100
HS-024	1. 小麦	0	—	—	100
HS-028	1. 小麦	0	—	—	200
合计		0	—	—	300

资料来源：根据调研统计数据整理计算。

3. 化山村农户粮食消费

化山村农户的粮食消费见表10-11。由表10-11可知，化山村农户口粮主要来源为自给和购买，种粮大部分不够吃，只有少数几家正好够吃，不够吃的主要原因为人多地少。

4. 化山村农户口粮主要来源

化山村农户口粮来源主要为自给和购买，其中，16家农户自给和购买并有，占全部农户的44.4%；14家农户主要靠购买，占全部农户的38.9%；6家农户主要靠自给，占全部农户的16.7%。由此可见，大部分农户粮食不足以满足自身消费，仍需靠购买来获得口粮。而在"种粮是否够吃"这一项目中，只有5家农户种的粮食刚刚够吃，其他21家农户均不够吃，则进一步印证了这一问题。

5. 粮食不能自给的原因

根据统计数据，粮食不能自给的原因主要为人多地少，这与化山村人均耕地面积少的事实是完全符合的，其他原因有缺劳动力、作物受灾、土地转包以及转种其他非粮食作物等，这与化山村大部分农民从事第三产业等非农业、部分农民种植香菇和猕猴桃等非粮食作物、耕地多为旱地有关。

表 10-11 2010 年化山村农户粮食消费

户编号	口粮主要来源	种粮是否够吃	种粮自给不足原因
HS-001	2. 购买	2. 不足	5. 缺劳力，地种不了
HS-002	1. 自给；2 购买	2. 不足	1. 人多地少
HS-003	2. 购买	2. 不足	1. 人多地少；3. 生产非粮食作物
HS-004	1. 自给；2. 购买	2. 不足	—
HS-005	2. 购买	2. 不足	—
HS-006	1. 自给	3. 正好	
HS-007	2. 购买	2. 不足	5. 缺劳力，地种不了
HS-008	1. 自给；2. 购买	2. 不足	—
HS-009	1. 自给	2. 不足	1. 人多地少
HS-010	2. 购买	2. 不足	5. 缺劳力，地种不了
HS-011	2. 购买	2. 不足	6. 地转出去了
HS-012	1. 自给；2. 购买	2. 不足	—
HS-013	1. 自给；2. 购买	2. 不足	1. 人多地少
HS-014	1. 自给；2. 购买	2. 不足	—
HS-015	1. 自给；2. 购买	2. 不足	1. 人多地少
HS-016	2. 购买	2. 不足	6. 地转出去了
HS-017	1. 自给；2. 购买	2. 不足	1. 人多地少
HS-018	2. 购买	2. 不足	—
HS-019	1. 自给；2. 购买	2. 不足	1. 人多地少；2. 作物受灾
HS-020	1. 自给	3. 正好	
HS-021	2. 购买	2. 不足	—
HS-022	1. 自给	3. 正好	
HS-023	2. 购买	2. 不足	7. 其他
HS-024	1. 自给；2. 购买	2. 不足	1. 人多地少
HS-025	2. 购买	2. 不足	1. 人多地少；5. 缺劳力，地种不了
HS-026	1. 自给；2. 购买	2. 不足	1. 人多地少；3. 生产非粮食作物
HS-027	1. 自给；2. 购买	2. 不足	1. 人多地少
HS-028	1. 自给	3. 正好	
HS-029	1. 自给；2. 购买	2. 不足	4. 用作饲料
HS-030	2. 购买	2. 不足	1. 人多地少
HS-031	1. 自给；2. 购买	2. 不足	1. 人多地少

续表

户编号	口粮主要来源	种粮是否够吃	种粮自给不足原因
HS-032	2. 购买	2. 不足	1. 人多地少
HS-033	2. 购买	2. 不足	—
HS-034	1. 自给	3. 正好	
HS-035	1. 自给; 2. 购买	2. 不足	1. 人多地少; 2. 作物受灾
HS-036	1. 自给; 2. 购买	1. 不足	—

资料来源：根据调研统计数据整理。

五 化山村农户农业种植投入产出情况

由前文可知，化山村农户农作物主要种植品种为玉米、小麦、香菇、猕猴桃、蔬菜和油菜。这里将分别按种植品种对其投入进行分析，相关数据见表 10-12 至表 10-15，以进一步了解化山村农业种植业生产经营情况。表中机械支出包括机耕、机播和机收支出；种子项目中为自留种子和购买的总重量；种子、化肥和农药支出项目中将自留种子玉米和小麦按市场销售价格每公斤 2 元折算；亩均劳动投入包括农户家庭劳动投入和雇工劳动投入量，由于只有 HS-023 一家玉米种植农户雇用了雇工，雇工日次为 4，就不再单列雇工项目，直接将其雇工支出计算到劳动支出中；物质费用支出包括机械支出、种子、化肥和农药支出。

需要指出的是，化山村人均耕地面积很低，每家农户耕地面积较小，加之大多耕地属于旱地，农户在农业上劳动投入量不大，很少请雇工帮忙。

表 10-12　　　　　玉米种植投入产出（亩均）

户编号	灌溉条件	机械支出	种子	自留种子	种子、化肥和农药支出	亩均劳动投入	物质费用支出	亩产
HS-002	4. 无	280	4	4	148	4	428	300
HS-004	1. 渠水	0	6	0	420	30	420	500
HS-006	1. 渠水	0	2	0	55	—	55	300
HS-008	—	0	4	0	460	—	460	400

续表

户编号	灌溉条件	机械支出	种子	自留种子	种子、化肥和农药支出	亩均劳动投入	物质费用支出	亩产
HS-009	4. 无	0	25	0	273	20	273	500
HS-012	—	0	4	0	260	8	260	250
HS-013	4. 无	100	3	3	106	10	206	400
HS-014	4. 无	0	4	0	238	6	238	200
HS-015	4. 无	30	4	0	230	15	260	400
HS-017	4. 无	100	6	0	210	3	310	500
HS-018	3. 渠水和井水	0	5	0	300	10	300	—
HS-019	4. 无	0	5	0	250	—	250	300
HS-022	—	0	6	0	36	—	36	300
HS-023	4. 无	0	15	0	120	4	120	225
HS-024	4. 无	210	3	0	220	—	430	300
HS-026	4. 无	300	2	0	280	10	580	500
HS-027	1. 渠水	0	5	0	210	8	210	300
HS-028	1. 渠水	200	8	0	370	—	570	450
HS-029	2. 井水	0	3	0	275	20	275	500
HS-030	2. 井水	0	40	0	500	20	500	400
HS-031	1. 渠水	0	5	0	430	10	430	700
HS-033	1. 渠水	100	—	0	20	20	120	—
HS-034	4. 无	30	2	0	140	0	170	500
HS-035	1. 渠水	0	5	0	430	—	430	400
HS-036	2. 井水	0	3	0	153	6	153	400
合计		1350	169		6134		7484	
户均		54	7		245	12	299.4	392.4

注：表中机械支出，种子、化肥和农药支出、物质费用支出项目单位均为元，种子、自留种子、亩产项目单位为公斤，亩均劳动投入项目单位为人日，"—"表示缺省。

资料来源：根据调研统计数据整理计算。

表 10-13　　小麦种植投入产出（亩均）

户编号	灌溉条件	机械支出	种子	自留种子	种子、化肥和农药支出	亩均劳动投入	物质费用支出	亩产
HS-006	1. 渠水	100	15	0	50	—	150	300
HS-009	4. 无	0	10	0	224	20	224	250
HS-020	1. 渠水	400	15	0	250	30	650	—

续表

户编号	灌溉条件	机械支出	种子	自留种子	种子、化肥和农药支出	亩均劳动投入	物质费用支出	亩产
HS-022	—	100	10	0	202	36	302	250
HS-024	4. 无	210	15	0	160	—	370	300
HS-026	4. 无	480	15	0	200	10	680	300
HS-027	1. 渠水	0	15	0	260	8	260	300
HS-028	1. 渠水	300	35	0	360	—	660	300
HS-029	2. 井水	0	10	0	178	20	178	300
HS-030	2. 井水	0	10	0	360	20	360	250
HS-034	4. 无	30	8	8	116	15	146	300
合计	—	1620	158		2360	—	3980	—
户均	—	147.3	14.1		214.5	19.9	361.8	285

注：表中机械支出，种子、化肥，农药支出，物质费用支出项目单位均为元，种子、自留种子、亩产项目单位为公斤，亩均劳动投入项目单位为人日，"—"表示缺省。

资料来源：根据调研统计数据整理计算。

表 10-14　　　　　　香菇种植投入产出（亩均）

户编号	灌溉条件	种子	购买种子支出	其他支出	亩均劳动投入	亩产量
HS-003	4. 无	40	160	—	—	—
HS-004	1. 渠水	400	2000	20000	30	—
HS-008	—	240	1500	—	—	—
HS-019	4. 无	200	800	—	—	—
HS-024	—	120	480	—	—	—
HS-028	1. 渠水	500	1500	—	—	—
HS-031	1. 渠水	250	1500	—	—	—
HS-035	1. 渠水	120	400	—	—	—
合计	—	1870	8340	20000	—	—
户均	—	233.8	1042.5	20000	—	—

注：表中种子、购买种子支出、其他支出项目单位均为元，亩均劳动投入项目单位为人日，"—"表示缺省。

资料来源：根据调研统计数据整理计算。

表 10-15　　　　　猕猴桃种植投入产出（亩均）

户编号	灌溉条件	机械支出	亩均劳动投入	化肥农药支出	亩产量
HS-025	4. 无	—	—	—	200
HS-032	1. 渠水	—	50	230	—
HS-033	1. 渠水	—	45	200	—
HS-034	4. 无	30	180	400	—
合计	—	30	275	830	—
户均	—	30	91.7	276.7	200

注：表中机械支出、化肥农药支出项目单位均为元，亩均劳动投入项目单位为人日，亩产量项目单位为公斤，"—"表示缺省。

资料来源：根据调研统计数据整理计算。

1. 灌溉条件

从统计数据看，无论是粮食作物玉米和小麦，还是经济作物香菇和猕猴桃，近一半农户的农作物无条件灌溉，其余主要靠渠水和井水，渠水居多，井水较少，渠水主要来自河水。化山村农业的这一灌溉条件是与化山村地处山区多属旱地、非养殖水域达3000亩的自然优势和农业生产技术水平较低这些情况密切相关的。

2. 机械支出

从统计数据看，有机械支出的主要是玉米和小麦种植，其次为猕猴桃种植，香菇种植本身的特点不适合机械作业，故没有机械支出。其中，玉米种植农户有机械支出的为9户，占玉米种植农户总数的36%，每户支出费用30—300元不等；小麦种植农户有机械支出的为7户，占小麦种植农户总数的63.6%，每户支出费用30—480元不等；据可得数据，猕猴桃种植农户有机械支出的为1户，该户支出费用从30元。两相比较，显然可见，小麦种植农户的机械化率更高。玉米种植农户数量和种植面积虽然都大于小麦种植，但玉米种植农户机械化率较低。从机械支出费用看，小麦的机械支出总费用为1620元，每亩户均费用为147.3元，玉米的机械支出总费用为1350元，户均费用为54元，小麦的机械支出总费用与每亩户均机械支出均高于玉米，尤其是每亩户均机械支出，小麦是玉米的近 3 倍。总的来看，小麦和玉米机械化程度较高，其中，小麦种植的机械化程度要高于玉米。

3. 种子、化肥和农药支出

从统计数据看，每亩户均支出费用最高的为香菇，其次为猕猴桃、玉米和小麦，其中玉米稍高于小麦，而且香菇的支出费用远远高于后三者。这主要是因为香菇菌种价格较高、单位面积所需菌种数量较大，故总支出费用较高。

4. 每亩劳动投入量

从统计数据看，投入最高的为猕猴桃和香菇，其次为小麦和玉米。由于数据缺省，香菇种植的劳动投入量没有真实反映出来。据我们的实地调研了解，香菇种植的每亩劳动投入量不会低于猕猴桃。两者都属于劳动密集型种植产业。小麦和玉米两种粮食劳动投入量都不大，小麦为 19.9 人日，玉米为 12 人日，每亩小麦的劳动投入量是玉米的近 1.7 倍。

5. 物质费用投入

从调研数据看，小麦要高于玉米。由于香菇和猕猴桃缺省很多数据，故无法将物质投入费用支出真实反映出来，据我们调研了解，香菇除菌种一项大支出外，它还有一项非常重要的支出费用，即袋料费用成本，一香菇种植户的其他支出项目中 20000 元费用就是香菇袋料费用支出，香菇种植前期的袋料投入非常大。香菇种植不仅是劳动密集型的，也是资本密集型的，当然，它对技术也有较高的要求。与香菇种植相似，猕猴桃种植也具有类似特征，但在统计数据中没有真实反映出来，主要原因为当地政府鼓励发展猕猴桃种植，猕猴桃幼苗、铁丝架与水泥支柱主要为当地政府免费提供，这部分投入没有在调研统计数据中反映出来。因此，物质费用投入最高的应为香菇和猕猴桃。总之，每亩户均物质费用投入最高的为香菇和猕猴桃，其次为小麦，最后为玉米。

图 10-2　猕猴桃种植园，水泥支柱与铁丝架布满园区

6. 每亩产量

从调研数据看，玉米高于小麦。由于香菇和猕猴桃缺乏相关统计数据，故不能反映出实情，但据调研了解，香菇和猕猴桃的单产要远远高于玉米和小麦。

总之，化山村农业种植以粮食作物玉米和小麦与经济作物香菇和猕猴桃为主，种植面积普遍偏小。化山村玉米和小麦种植的劳动与物质费用投入都不大，亩产也不高，经济效益差，大部分农户口粮不能完全自给。其中，小麦的劳动投入量和物质费用支出均高于玉米，但单产却低于玉米，经济效益低于玉米（玉米和小麦市场销售价格趋同），这就是 26 家农户选择种植玉米而只有 11 家农户种植小麦的原因所在。化山村经济作物香菇和猕猴桃单产高，劳动量和物质投入费用也很高，但总体经济效益较好。从调研情况了解，化山村猕猴桃刚开始起步，有加大发展之趋势。香菇种植面积虽很小，但无论总产还是单产，产量水平均很高。但是，由于化山村所在西峡县属南水北调工程水源上游，为保护水土，当地政府禁止农民上山砍伐林木，香菇种植只得使用从外地区调运的木材加工而成的袋料，成本大大提高，加之西峡香菇种植规模较大，市场销售价格有下降趋势，扩大香菇种植规模并不十分可取。化山村农户家庭养殖以鸡、猪、蜂、鸭为主，且养殖主要为家庭自用，较少出售。

第十一章

参加政治活动和社会活动情况

化山村经济在旅游业带动下,取得了巨大发展,人民收入水平和生活得到了极大提高。与此同时,化山村的政治民主也得到了较快发展,农村基层政治体制日趋完善,农民参与政治和社会活动的热情日益高涨。

一 化山村政治状况

1. 党员基本情况

从统计数据看(见表11-1),化山村共有党员23人,其中50岁以上18人,约占总数的78%;男性16人,约占70%,女性2人,约占30%;小学学历8人,约占35%,初中学历10人,约占43%,没有高中及以上学历的党员。总体看,化山村党员年龄偏大、男性居多、受教育程度偏低。

表11-1　　　　党员年龄、性别与学历构成　　　　单位:人

党员数量	50岁以上	男	女	小学	初中	高中	大专以上
23	18	16	2	8	10	0	0

资料来源:根据调研统计数据整理。

2. 党支部基本情况

从统计数据看（见表11-2），化山村党支部由一名书记、一名副书记和两名委员共四人组成。从年龄结构看，两名书记年龄较大，分别为58岁和50岁，两名委员年龄均在40岁左右，年龄结构比较合理。从文化程度看，两名书记均为小学文化程度，两名委员均为初中文化程度，平均文化程度偏低。从党龄看，两名分别为20年和10年，其余两名为4年，党龄结构比较合理。从工资或补贴水平及来源看，书记补贴水平最高，年1479元，其余均不到300元，另除书记一人为县财政发放外，其余均为乡镇发放。从两委交叉任职看，四位成员中有两位交叉任职。

表11-2　　　　　　　化山村党支部基本情况

	性别	年龄	文化程度	党龄	工资或补贴（年）		是否交叉任职
					水平	来源	
书记	男	58	小学	20	1479	县财政发	是
副书记	男	50	小学	4	280	乡镇	否
委员	男	42	初中	4	260	乡镇	是
委员	男	39	初中	10	240	乡镇	否

资料来源：根据调研统计数据整理。

3. 村委会基本情况

从统计数据看（见表11-3），化山村村委会由一名主任、一名副主任、一名秘书、一名会计和一名妇女主任共5人组成。从年龄看，最小为36岁，最大为58岁，四位成员在40—60岁，一位成员为42岁，两位成员为53岁，一位成员58岁，年龄结构比较合理。从文化程度看，一位为小学文化程度，占20%，三位为初中文化程度，占60%，一位为高中文化程度，占20%，平均文化程度高于党支部。从政治面貌看，三位为党员，党员占60%，两位为群众。从工资或补贴来源看，除村主任一人为县财政发放外，其余4位均为乡镇发放。从两委交叉任职看，只有两位成员交叉任职。

表 11-3　　　　　　　　化山村村委会基本情况

	性别	年龄（岁）	文化程度	政治面貌	工资或补贴来源	是否交叉任职	是否交叉任职
主任	男	58	小学	党员	县发	是	是
副主任	男	42	初中	党员	乡镇	是	是
秘书（文书）	男	53	初中	群众	乡镇	否	否
会计	男	53	初中	党员	乡镇	否	否
妇女主任	女	36	高中	群众	乡镇	否	否

资料来源：根据调研统计数据整理。

在两委交叉任职中，既任村党支部书记又任村主任的是带领化山村致富的符合顺。他虽然文化程度不高，但头脑活、眼界宽、见识广，政治思想觉悟高。1996年担任化山村党支部书记后，符合顺带领村民发展旅游业、建农家宾馆，并将吃、住、行、购、娱有机结合，拉长旅游产业链条，将昔日的"贫困村""光棍村"建成了现在的"小康村""新农村示范村"。符合顺本人也获得了"南阳市优秀共产党员""南阳市劳动模范"称号。

二　村委会选举情况

1. 我国村委会选举相关法规

我国《宪法》规定："中华人民共和国的一切权力属于人民，人民行使国家权力的机关，是全国人民代表大会和地方各级人民代表大会。人民依照法律规定，通过各种途径和形式，管理国家事务，管理经济和文化事业，管理社会事务。"农民作为国家公民，同样具备合法的政治权益，主要体现在参与各级人民代表大会等政治活动。除参加人民代表大会，参与村民自治是农民参与政治活动的重要体现，农民有参与管理和决策村体事务的权益。

《村民委员会组织法》于1988年6月1日起试行，经过10年的试行，1998年11月4日，第九届全国人大常委会第五次会议通过了修订后的《村民委员会组织法》,开始正式实施,经由中华人民共和国第十一届全国人民代表大会常务委员会第十七次会议于2010年10月28日修订通过并公布施行。法律规定了村民委员会的性质、组成、职能、权限等,明确了村民的选举权和被选举权,年满18周岁的村民,不分民族、种族、性别、职业、家庭出身、宗教信仰、教育程度、财产状况、居住期限,都有选举权和被选举权,并制定了相关选举程序,如选举村民委员会,由登记参加选举的村民直接提名候选人。村民提名候选人,应当从全体村民利益出发,推荐奉公守法、品行良好、公道正派、热心公益、具有一定文化水平和工作能力的村民为候选人。候选人的名额应当多于应选名额。村民选举委员会应当组织候选人与村民见面,由候选人介绍履行职责的设想,回答村民提出的问题。选举实行无记名投票、公开计票的方法,选举结果应当当场公布。选举时,应当设立秘密写票处。该法的宗旨是保障农村村民实行自治,由村民群众依法办理自己的事情,发展农村基层民主,促进农村社会主义物质文明和精神文明建设。随着农民的政治民主权利得到法律保护,村民委员会选举成为农民参与乡村治理的重要途径,村民委员会成为维系农村经济社会稳定和发展的中坚力量。

2. 化山村村委会选举基本情况

从调研数据看(见表11-4),2011年,化山村村委会换届选举,有选举权的人为634人,实际参选人数为551人,占有选举权人数的86.9%。村主任是全票得选连任,并且书记与主任为一肩挑。选举过程中设有秘密划票间和民主理财小组,确保了选举过程的公正。此外,此次选举投票没有发钱,不存在贿选现象,也没有进行流动投票。从调研情况看,2011年化山村委员会选举是公正和公开的。村主任的全票连任也从侧面说明了他在村民中的威信和村民对他的充分信任。

表 11-4　　　　　　　　化山村村委会选举情况

年份	有选举权人数	实际参选人数	村主任得票数	是否设有秘密划票间	书记与主任是否一肩挑	是否搞大会唱票选举	是否有民主理财小组	投票是否发钱	是否流动投票
2011	634	551	551	是	是	是	是	否	否

资料来源：根据调研统计数据整理。

3. 化山村村委会选举村民投票依据

对于化山村村委会选举村民投票的依据，据可得调研数据（见表11-5），约66.7%农户投票依据为"能否带领大家致富"，约33.3%农户投票依据为"是否公正廉洁"，约12.5%农户投票依据为"能否替村民说话"，约4.2%农户投票依据为"在村中的威信"及其他。从这些投票依据的重要程度看，村民最为看重的为"能否带领大家致富"，其次为"是否公正廉洁"，再次为"能否替村民说话"，最后为"在村中的威信"及其他。"能否带领大家致富"反映出农民对提高收入水平过上富裕生活的强烈愿望，也反映出农民对经济发展的重视。带领大家走上致富之路的村主任全票当选连任，也真实反映出了农民的这一心声。

表 11-5　　　　　　　　化山村村委会选举投票依据

户编号	投票依据	户编号	投票依据
HS-001	1. 是否公正廉洁	HS-020	4. 在村中的威信
HS-002	3. 能否带领大家致富	HS-020	5. 能否替村民说话
HS-005	1. 是否公正廉洁	HS-021	1. 是否公正廉洁
HS-006	7. 其他	HS-022	1. 是否公正廉洁
HS-007	1. 是否公正廉洁	HS-022	3. 能否带领大家致富
HS-007	5. 能否替村民说话	HS-023	3. 能否带领大家致富
HS-009	3. 能否带领大家致富	HS-027	3. 能否带领大家致富
HS-010	1. 是否公正廉洁	HS-028	3. 能否带领大家致富
HS-011	3. 能否带领大家致富	HS-029	3. 能否带领大家致富
HS-014	3. 能否带领大家致富	HS-030	3. 能否带领大家致富

续表

户编号	投票依据	户编号	投票依据
HS-016	3. 能否带领大家致富	HS-032	3. 能否带领大家致富
HS-017	3. 能否带领大家致富	HS-033	3. 能否带领大家致富
HS-018	3. 能否带领大家致富	HS-034	5. 能否替村民说话
HS-020	1. 是否公正廉洁	HS-036	1. 是否公正廉洁
HS-020	3. 能否带领大家致富		

资料来源：根据调研统计数据整理。

三 化山村村民参与农民经济组织与社会团体情况

1. 化山村村民参与农民经济组织与社会团体基本情况

从调研情况看（见表11-6），化山村农户参与农民合作组织（专业合作组织或专业技术协会）的约占有效样本的36%，参与社会团体的农户约占有效样本的11%。农户参与的农民合作组织主要为香菇猕猴桃种植技术培训和旅游业从业培训组织，参与的社会团体主要为旅游协会和工会，这与化山村经济发展的特征密切相关。化山村经济发展以旅游业为主导，香菇和猕猴桃则是化山村重要的农业经济作物。为提高从事旅游业的从业水平与种植香菇和猕猴桃的技术水平，提高收入水平，部分农民参与了由政府主导建立的相关农民经济组织。

旅游协会是在化山村村委倡议下成立的社会团体，其目的在于加大农家宾馆的管理力度。为推进家庭宾馆行业自律，实行自我管理，自我规范，自我发展，协会对全村农家宾馆进行统一检查，对无证无照，不符合开办条件的取消其开办资格，并实行"五统一"。即：统一室内用具配备，宾馆内部的基本用品要统一，如房间内统一有空调，有太阳能热水洗澡、有24英寸的电视等，厨房内要统一有冰箱，有餐具、消毒柜等，以保证游客到那里都能住得舒心，吃得放心；统一价目食宿墙，就是将宾馆的食、宿价格制成价格表，统一张贴在墙壁上明显的位置，让游客看后一目了然，根据情况放心选择消费；统一户外招牌，就是将宾馆的名字制作成大小样式统一的牌子，统一悬挂于店面上或竖于路边，从而达到规范美观、整齐划一的效果；统一编号，就是将宾馆按次序编排成号，标示出来，为了便于记忆和管理；统一进行规范管理，就是旅游协会对所有农家宾馆有规范、监督、处罚等权力，目的是促使宾馆服务和质量升级。通过以上"五统一"有效解决了家庭宾馆过多过滥、服务质量低下、作风粗暴、卫生状况较差、相互恶性竞争、随季压价或涨价等一系列管理和服务问题。这就使农家宾馆在一个起跑线上公平竞争，塑造了化山村农家宾馆的良好形象，打响龙潭沟风景区之外"吃农家、住农家"的家庭宾馆品牌，形成品牌效应，大大提高了群众收入。

但总体来看，对于农民经济组织和社会团体，农民参与率都不高，需要进一步提高。

表11-6　化山村村民参与农民经济组织与社会团体情况

户编号	是否参加了专业合作组织	是否多个组织成员	是否参加了专业技术协会	是否多个协会成员	是否参加任何社会团体	参加团体活动内容
HS-001	1. 是	2. 否	1. 是	2. 否	2. 否	—
HS-002	2. 否	2. 否	2. 否	—	2. 否	—
HS-003	2. 否	2. 否	1. 是	2. 否	2. 否	—
HS-004	2. 否	2. 否	1. 是	2. 否	2. 否	—
HS-005	2. 否	2. 否	1. 是	1. 是	1. 是	1. 经济发展
HS-006	2. 否	2. 否	2. 否	2. 否	2. 否	—
HS-007	2. 否	—	2. 否	—	2. 否	—
HS-008	2. 否	2. 否	2. 否	2. 否	2. 否	—
HS-009	2. 否	—	—	—	—	—
HS-010	2. 否	—	2. 否	—	1. 是	3. 环境保护
HS-011	2. 否	—	1. 是	2. 否	2. 否	—
HS-012	2. 否	2. 否	2. 否	2. 否	2. 否	—
HS-013	2. 否	2. 否	2. 否	2. 否	2. 否	—

续表

户编号	是否参加了专业合作组织	是否多个组织成员	是否参加了专业技术协会	是否多个协会成员	是否参加任何社会团体	参加团体活动内容
HS-014	2. 否	—	2. 否	—	2. 否	—
HS-015	2. 否	2. 否	—	2. 否	1. 是	4. 技术培训
HS-016	2. 否	—	1. 是	—	2. 否	
HS-017	2. 否	2. 否	2. 否	—	2. 否	
HS-018	2. 否	—	1. 是	—	2. 否	
HS-019	2. 否	2. 否	2. 否	2. 否	2. 否	
HS-020	2. 否	—	2. 否	—	2. 否	
HS-021	2. 否	—	2. 否	—	2. 否	
HS-022	2. 否	2. 否	2. 否	—	1. 是	1. 经济发展; 4. 技术培训
HS-023	2 否	—	1 是	—	2 否	
HS-024	2. 否	2. 否	2. 否	2. 否	2. 否	—
HS-025	2. 否	2. 否	2. 否	—	2. 否	
HS-026	2. 否	2. 否	1. 是	2. 否	2. 否	
HS-027	2. 否	—	1. 是	—	2. 否	
HS-028	2. 否	2. 否	1. 是	2. 否	2. 否	
HS-029	2. 否	—	2. 否	—	2. 否	
HS-030	2. 否	—	2. 否	—	2. 否	
HS-031	2. 否	2. 否	2. 否	2. 否	2. 否	
HS-032	2. 否	—	2. 否	—	2. 否	
HS-033	1. 是	2. 否	1. 是	2. 否	2. 否	
HS-034	2. 否	2. 否	2. 否	2. 否	2. 否	
HS-035	2. 否	2. 否	2. 否	2. 否	2. 否	
HS-036	2. 否	2. 否	1. 是	2. 否	2. 否	—

资料来源：根据调研统计数据整理。

2. 存在的问题及其原因

化山村农民参与的农民经济组织主要为从业技术培训类型，它对于提高农民从业水平和生产经营技术水平发挥了极为重要的作用。但在市场经济大潮的当今，仅仅掌握生产经营技术是远远不够

图 11-1　化山村旅游协会与工会委员会

的，还需懂市场懂销售。2010年的"蒜你狠"、2011年的"蒜你贱"、2011年白菜大丰收2分钱一斤都无人问津，都是市场给农户的教训。

在调研过程中我们了解到，化山村农户的香菇销售渠道主要是商贩上门收购，农户各谈各的价格，各卖各的，议价能力较低，销售收入受市场价格波动影响较大。这一现象不仅在化山村较为普遍，在整个双龙镇和西峡都很普遍。香菇种植农户没有组织起来集体议价销售，其主要原因是农民还意识不到"大市场"对他们这些"小农户"冲击造成的不利影响，没有充分认识到农民经济组织的重要作用，故缺乏参与的自觉性。

3. 参与农民经济组织的必要性

在发展市场经济的当今中国，农民参与农民经济组织十分必要。由于农民生产经营活动的分散性，农民可通过因共同经济利益而形成的各类农民经济组织维护自身利益，这些组织在政府和农民之间发挥桥梁、纽带作用。农民组织起来，有助于提高农民的法律意识，形成制衡机制以维护农民合法权益。农民经济组织是对市场不完善和政府公共物品供给缺位的补充。农业合作经济组织能有效地利用农民的资源配置权和生产经营权,增强市场竞争力,保证农民收益的增长。农民合作经济组织的建立有利于降低交易费用和市场风险,保证农民收益分配权的稳定。

4. 国外农民经济组织发展经验借鉴

按农民经济组织形成时的主导力量分类,农民经济组织分为市场推动型和政府主导型两种类型。

首先是市场推动型农民经济组织。随着市场规模不断扩大,为降低交易成本和市场风险,提高市场竞争力和组织化程度,获取更高的市场交易收益,经营相对分散的农户便自发联合起来组成保护自身利益的自我服务组织——农民组织。这种市场推动下自发形成的农民组织一大特点是坚持"民办、民营、民管、民受益"的自主原则,不以承担政府赋予的任务为主要职能,政府对农民组织的业务经营和内部管理不予干预,政府与农民组织在法律上是平等关系,政府的作用在于通过法律法规为农民组织提供一个宽松而有序的发展空间,使农民组织在市场机制的作用下不断得到成长和壮大。欧美国家的农民组织基本上属于这种市场推动型,如美国、法国、德国、丹麦等国家的农民组织均属于这一类型。

以美国农民组织为例。美国农民组织依其组织状况和功能主要分为两大类:一类是综合性农民组织,这类组织其参与者是生产所有种类农产品的农民,一般试图代表整个农业界的利益进行院外活动,影响政府决策,比如著名的美国农场局联盟、全国农场主联盟、全国格兰其、全国农场主组织、美国农业运动等;另一类是以某种农产品为中心组织起来的相对比较专门化的农民组织,影响较大的有全国小麦生产者协会、美国玉米种植者协会、美国大豆协会、美国全国棉花理事会等。这些组织都不是自上而下依靠行政力量推动,而是在市场推动下发展演变而来,并经历了制度化过程,即相对简单的非正式组织转变成正式组织的过程。这些组织越来越关注长远利益,组织人员也日趋专业化。

其次是政府推动型农民组织。与欧美不同，日本的农民组织基本上不是农民的自发组织，而是在政府推动下建立起来的。早在19世纪末，日本明治政府为摆脱农业落后和商品化程度低下的状况，受西欧农民组织理论和实践经验的影响，在日本广泛建立农民合作组织，从上到下形成了全国性的组织系统。"二战"期间，几乎吸纳了所有农户参加，并逐渐演变成政府的御用机构。战后，日本政府在全国普遍建立了官办色彩极浓的"农业协同组合"，即日本"农协"的全称，参加这一组织的农户高达99%以上。这种类型的农民组织，其组织体系、经济功能等都是在政府的直接推动下实现的。可以说，政府的推动，在合作社的产生和发展过程中起到了决定性的作用。因此，这类合作社往往带有官办色彩。亚洲许多国家和地区的合作社成长模式都属于政府推动模式，如日本、印度、泰国、韩国、越南等都属此种模式。政府推动模式具有以下特点：一方面合作社是在政府积极推动下产生的，其发展和壮大均离不开政府的支持和援助；另一方面合作社要兼负政府委托的农业政策职能，将国家的农业发展战略落实到每个农户，不可避免地，政府对合作社的干预也往往较多。这种政府推动型的农民组织多形成于亚洲的政府主导型经济国家，如日本、韩国、越南等，其中最为典型的为日本农协。政府推动型的日本农协一个很大特点就是官办色彩浓，农协必须接受政府的管理和监督，并成为政府农业政策的执行机构。

农民组织在国外尤其是西方发达国家已十分成熟。法国有90%以上的农民参加了农业合作社；德国几乎所有农户都是合作社成员；荷兰绝大多数农民至少是3到4个合作社的成员；美国每个农户平均参加2.6个合作社；而新西兰、澳大利亚、日本等国，参加农业合作社的农民高达90%以上。这些农民组织在服务于农业生产经营活动中发挥着极为重要的作用。

为农业生产经营活动提供服务，降低生产经营成本，提高农民收入水平，这是农民经济合作组织的首要任务。美国的农业合作组织十分发达，在农业经济活动中发挥着重要作用。从合作组织职能角度看，美国的农业合作组织可分为销售合作组织、采购合作组织及产销一体化合作组织。美国的农业合作组织是农场主自愿参加组织起来的非营利机构，其经营目标不是自身利润最大化，而是通过为其成员提供服务，如改善种植环境，稳定生产，降低生产成本，使成员获得最好的出售价格，从合作经营中获取最大收益。

法国的农业合作社种类很多，按业务分，有代购种子、种苗、子畜、肥料、农药、饲料等的供应合作社，有提供农业机械、人工授精、种养殖技术等的技术服务合作社，还有销售合作社、加工合作社、储运合作社等。法国合作社没有固定模式，农户可根据实际需要自愿组织起来，入社、退社自由。合作社是促进法国农业产业化经营的重要力量，占有半壁江山，它们以供销、服务、协会、专业产品联合会等形式进行组织。每一个合作社都是一个垂直一体化的联合体，分散的合作社联系在一起就在全国形成网络。

日本的农民经济组织也十分发达，其中最具代表性的是农协。日本农协广泛存在于从中央到地方的各个层次，遍布于产前、产中、产后和生活各领域，涉及农业生产、信贷、农资供应、销售、保险、农民医疗、生活等各个方面。农协从事的业务主要有：采购生产资料、生活用品；销售农产品、储藏、运输；信贷；综合指导等。在类型上，加工企业+农协+农民，主要存在于畜产品、糖和蚕茧行业上；批发市场+农协+农民，主要存在于水果和蔬菜行业上；农协兴办的垂直一体化联合体，主要存在于牛奶和畜禽养殖等行业上。

国外农民经济组织发展的经验值得学习和借鉴，应积极鼓励引导农民自愿参加农民经济合作组织，弱化小农户与大市场之间日益加剧的矛盾，减少一年"蒜你狠"、一年又"蒜你贱"现象的反复发生，切实维护农民利益。

第十二章

化山村发展之路：以旅游服务业为主导，带动经济社会全面发展

从化山村村情概况，人口与就业，农户财产拥有与生活状况，教育、医疗与社会保障，农民收支情况，生产型固定资产拥有与折旧情况，农户的金融状况，土地承包经营情况，农业生产经营情况，参加政治活动和社会活动情况十个方面的分析可知，化山村的经济社会发展与旅游服务业密切相关。在就业结构上，村民就业以住宿餐饮旅游服务业与为旅游业服务的批发零售业等为主；在农户财产上，化山村农户财产以家庭经营的农家宾馆等房屋为主的固定资产；在收入上，化山村农户家庭收入来源以家庭经营的住宿餐饮批发零售等服务业为主；在支出上，化山村农户家庭支出以家庭经营的住宿餐饮批发零售等服务业费用为主；在金融状况上，农户举债主要目的为农家宾馆经营需要；在社会活动上，化山村经营家庭宾馆的农户统一加入了化山村村委倡议下成立的旅游协会。化山村村民经济社会活动主要围绕住宿餐饮等旅游服务业展开。化山村从实际出发，立足村情，依托以"中原第一瀑布群、天然奇石博物馆"著称的龙潭沟景区这一旅游资源优势，大力发展农家宾馆、特

色餐饮、休闲度假等旅游服务业，使之成为化山村经济发展的主导产业，带动化山村经济社会全面发展。

一 从实际出发，立足村情，利用交通便利、旅游资源丰富这一优势发展旅游服务业

化山村一大村情是人多耕地少，人均耕地只有半亩之多，而且多为旱地，所产粮食难以自足，村民要依靠耕地致富十分困难。化山村另一大村情是交通便利，旅游资源丰富，G311和S331战备公路在该村交会，林地与水域面积很大，占化山村面积90%以上，满眼青山绿水，以"中原第一瀑布群、天然奇石博物馆"著称的龙潭沟就位于化山村。便利的交通、丰富的旅游资源为化山村发展旅游业提供了基本条件。

化山村从实际出发，认识到了自身的不足和优势，依托龙潭沟风景区这一旅游资源，积极发展旅游服务业。化山村龙潭沟风景区位于双龙集镇东北部10公里处的311国道旁，交通便利，该景区因其原生态的自然风光而被业内人士称为"中原一绝，人间仙境"。景区全长12公里，自然落差近千米，整个山体犹如两条巨龙盘踞，两岸石壁陡峭，花岗岩体雄奇壮观。在峡谷间形成多处梯式瀑布共计19个，大小潭穴72处。青龙潭、黑龙潭、黄龙潭、白龙潭、双龙潭……潭深瀑奇，潭瀑相连。景区内，林茂树密，森林覆盖率达96.5%，随处可见古木参天，三季有花，四季常青。整个景区呈现出瀑密、潭幽、水澈、石奇、林茂等特点。

龙潭沟景区知名度享誉省内外，吸引了诸多省内外和国内外游客。《中国旅游报》《河南日报》《大河报》等众多新闻媒体都对龙潭沟的风光和动态予以跟踪报道和大力宣传；龙潭沟年接待游客以25%的速度增长，包括港澳台、欧美和新加坡、马来西亚、泰国等东南亚国家的游客和华人华侨都到此观光旅游。

图 12-1　龙潭沟之黑龙潭

图 12-2　龙潭沟之潭水

图 12-3　龙潭沟之千年古柳

二 政府引导，市场运作，解决景区开发所需资金等问题

旅游景区开发需要集中投入大量资金，尤其是在贫困的山区。这也是化山村旅游开发所面临的第一大难题。事实上，2000年以前，化山村领导干部就已经带领村民对景区进行了开发，但由于资金有限，开发建设进程缓慢，游客数量不多，村民收入提高不大。在其他诸如思想观念、专业人才和管理等方面，村民的自主旅游开发均存在不少问题。

2000年，西峡县提出了"谁投资、谁开发、谁保护、谁收益"的原则，双龙镇党委、政府开始积极探索"政府引导、企业主体、市场运作、社会配合"的开发模式。在当地政府引导下，化山村积极引入企业投资，化山村村委会积极主动与县内最大的企业集团——龙成集团合作，由龙成集团在化山村累计投资1800多万元历经8年独资开发和建设龙潭沟景区。"经营青山绿水，是一项极具诱惑力和发展潜力的朝阳产业，是集团拓展经营领域的首选。"龙成集团董事长朱书成说。龙成集团公司是西峡县第一个投资旅游的民营企业。这也是市场化运作下的市场化选择。

目前，由龙成集团控股的龙潭沟景区已成为南阳市龙头景区。经过龙城集团的投资开发，龙潭沟景区迅速发展起来。2005年在首届"诸葛文化杯旅游明星企业"评选活动中被市旅游局授予"旅游者最喜爱的景区"；2006年在接受联合国教科文组织专家的考察中，因为其独特的水蚀地貌景而备受外国专家盛赞。2011年被国家旅游局评为国家AAAA级景区，吸引了越来越多的游客。龙潭沟景区开发获得成功后，这一开发模式又带动了双龙镇域范围内的荷花洞、灌河漂流、石门湖三大景区的开发建设，促进了双龙镇旅游产业蓬勃发展。

三 将旅游开发与提高村民收入水平相结合，发展以农家宾馆为主的旅游服务业

化山村龙潭沟景区开发是以"谁投资、谁开发、谁保护、谁收益"为原则，由于景区为龙成集团独资开发，因此景区收入所得主要是龙成集团，化山村村民并不能直接从景区获得什么收益，村民收入难以获得直接提高。如何利用景区这一资源优势提高当地村民的收入？考虑到旅游业本身是一个休闲游玩、住宿、餐饮等一体的产业，龙潭沟景区以游玩娱乐为主，当地政府和化山村村民依托龙潭沟景区，在解决游客住宿和吃饭等问题上狠下功夫，通过自有资金、借贷资金和其他社会资金发展农家宾馆。

随着化山村龙潭沟景区开发规模的扩大，外地游客也越来越多，在村委会引导下，化山村村民把自家的房屋粉饰整理一番，开起了第一代"农家宾馆"，受到城市游客的青睐。2003年，农家宾馆的发展引起了县镇两级的重视，相继聘请了深圳大学和省规划设计院专家进行了高标准规划，通过村民自有资金、为村民提供贷款和引入社会资本等途径，相继建成了龙潭山庄、伏牛山庄、龙河山庄、度假村等不同风格的农家宾馆。自此，化山村农家宾馆也开始了升级换代。

2010年底，化山村共计184家宾馆，可容纳9000多人就餐、6000余人住宿，2010年全村接待游客53万人次，旅游接待收入600万元，户均近3万元，农民人均纯收入7000余元，95%以上的收入来自旅游产业。如今，化山村三分之二村民有自己的农家宾馆，农家宾馆成为化山村的主导产业。

化山村农家宾馆从无到有，从小到大，从少到多，从有到优，在取得经济效益和社会效益的基础上，化山村村民认识到只有走依托旅游业、服务旅游业、发展旅游业之路，大力发展农家宾馆业，才能提高自己的收入水平和生活水平。从图12-4

与图 12-5、图 12-6 中有农家宾馆的农户和以种植业为主的农户居住条件的对比，显然可见，农业宾馆对于提高村民收入水平的重大意义。

图 12-4 化山村农家宾馆

图 12-5 化山村以种植业为主的农户住房

图 12-6　化山村以种植业为主的农户住房

四　完善农家宾馆服务功能，形成农家宾馆品牌效应

首先，狠抓农家宾馆服务质量，推行持证经营，制定农家宾馆经营七不准，认真开展农家宾馆星级动态化评选活动，从食品卫生、入住安全、游客满意度等多方面对全村农家宾馆综合考评，促使文明经营，诚信服务。

其次，规范农家宾馆经营秩序，成立旅游协会，制定协会章程，促进行业自律，实行自我管理，自我规范，自我发展，对全村农家宾馆进行统一检查，对无证无照，不符合开办条件的取消其开办资格，并实行"五统一"。即：统一室内用具配备；统一价目食宿墙；统一户外招牌；统一编号；统一进行规范管理。通过以上措施有效解决了农家宾馆过多过滥、服务质量低下、作风粗暴、卫生状况较差、相互恶性竞争、随季压价或涨价等一系列管理和服务问题，提升了化山村农家宾馆的形象，使农家宾馆走上可持续良性发展道路。

最后，加快促进转型，变农家宾馆从作坊式向规模化经营，变规模化经营向品牌化发展，提升农家宾馆的建设品位，形成农家宾

图 12-7　统一编号的农家宾馆

馆品牌效应。现已构成以龙潭山庄为代表的单体别墅群；以炉子沟农家乐为品牌的旅游购物连体别墅群；以北坡旅游度假区为品牌的高档别墅群；以东庄伏牛山庄为品牌的松散型别墅群；以龙河山庄生态移民新村为品牌的别墅群五大农家宾馆集群。农家宾馆初步形成了古典、田园、农家乐和西欧风情等风格各异的四大特色。不同定位、不同风格、不同功能和不同特色，可满足不同层次旅游团队和不同层次游客的消费需求。

全村 2/3 村民创建经营农家宾馆，1/3 村民经营种植、养殖，为农家宾馆提供后勤服务和有效供给，如在农家宾馆，游客能够品尝到地道的农家风味。农家宾馆所使用的食材，如柴鸡、蔬菜、水果、蜂蜜等都是深山群众种养的无污染绿色食品。化山村旅游专业服务村的品牌已经打响，吸引着越来越多的游客到化山村青山绿水之间畅游。

五　积极促进旅游产业三结合，拉长产业链条，优化产业结构，提高村民收入水平

化山村在发展旅游产业过程中，按照"切合客观实际，顺应时代潮流，凸显化山亮点"的经营理念，积极促进旅游产业开发"三结合"：一是旅游开发与特色农业发展相结合，利用丹江口库区西峡县水源区水土保持重点防护工程项目资金，大力发展"菌果药"特色农业，积极发展猕猴桃和小杂果，培育特色经济林带，使观光农业与特色景点互为依托，集旅游、观光、生态于一体，在此基础上开发具有山区农家特色的山珍旅游产品，拉长产业链。化山村借此扩大了"菌果药"等当地特色农业的种植规模，优化了农业种植业结构，实现旅游业和现代农业的协同一体发展。二是旅游开发与专业市场相结合，双龙香菇市场作为全国最大的香菇专业市场，享誉海内外，与龙潭沟风景区一线相连。因此，化山村把双龙香菇市场的山珍产品作为旅游的一个重要组成部分，积极引导群众把本地土特产与游客购物对接，提升土特产品的知名度，扩大土特产品的销路，提高土特产品种植经营户的收入。三是旅游开发与新农村建设相结合，既考虑村民生产生活需要，又考虑游客食、宿、行需要，积极促进住宿餐饮业、批发零售业、交通业、居民服务业等第三产业发展，大力改善村内路、水、电、通信、绿化、亮化、文化等公共配套基础设施，使化山新农村成为香菇交易、旅游服务和居民生产生活三位一体的经济文化中心。三结合拉长了旅游产业的产业链条，优化了产业结构，提高了旅游产业的附加值，增加了农民收入。

六 旅游业带动化山村经济社会全面发展

化山村从实际出发，立足村情，利用交通便利、旅游资源丰富这一优势，引进企业投资，开发龙潭沟景区，依托龙潭沟景区，发展以农家宾馆为主的旅游服务业，并将旅游产业与特色农业等结合，拉长产业链，优化产业结构，大大提高了村民的收入水平，同时村基础设施公共服务等也得到大力改善，带动了化山村经济社会全面发展。

20世纪90年代，化山村村民靠种田、养猪和打柴维持生计，人均收入不足600元，2010年底，化山村村民人均纯收入已达

图12-8　隆冬季节化山村村民正在剪香菇（菇柄用来做香菇酱）

7000余元。随着旅游业的发展，村民收入水平不断提高，宽带、电脑进了农家，厨房的柴灶改成了煤气灶、沼气灶，摩托车、手机、家庭影院成了小件商品，小轿车进了农家。在旅游业带动下，化山村经济获得了快速发展，村民收入水平和生活水平得到了极大提高。45岁的村民李长卯就是通过旅游服务致富的代表之一。2000年以前，李长卯一家5口挤在一间透风漏雨的土坯房子里，辛苦一年才挣千元钱。如今，李长卯摇身成为拥有三层小洋楼的"农家乐"老板，日接待游客40多人，年净收入十余万元。

在经济取得快速发展的同时，化山村基础设施公共服务等也得到极大改善，村容村貌村风焕然一新。在旅游开发建设之初，化山村就设定了将其打造为"豫西南最佳旅游度假胜地"的目标。为此，化山村确定了"村中城"的社区化管理模式，以及建筑风格"欧式化"、配套设施"人性化"、绿化模式"园林化"、整体效果"景观化"的"城中新村"建设模式。化山村大力推进基础设施建设，加强完善公共服务供给，全村主干路、村组路、入户路都实现了硬化，并实现"围村绿化""绕村亮化"，建起了集老年活动中心、旅游协会、新农村书屋三位一体的化山村综合服务中心，内设娱乐室、会议室、图书室、党员活动室、游客接待室，全天向游客开放，还建有标准化的卫生室、连锁超市、文化活动广场、停车场、景观式公厕、绿化游园、健身器材等公共基础设施。同时，化山村也十分注重卫生环境建设。化山村很早就组建了村级环卫队，购置了垃圾清运车和保洁车，做到村内垃圾日产日清，特别对游客聚集区实行卫生全天 24 小时保洁。这些都极大改善了村民生产生活条件，优化了村民居住环境，达到园林化村庄、景观化建设、规范化管理、社区化服务。此外，随着游客数量的增多，村民生产经营范围的扩大，对外交流的增加，村民思想得到进一步解放，村民素质得到很快提高。2010 年全年没有发生刑事案件。近年，全村都没有被判刑的人，也没有发生过接受治安处罚的情况，更没有出现上访的情况。整个村庄呈现出一片自然优美、文明祥和、生机蓬勃的繁荣景象。

正是由于经济社会的全面发展，化山村先后获得河南省精神文明创建工作先进村、省扶贫开发先进村、省康居示范村、省生态文明村、省级卫生村、省新农村建设示范村和市"五个好"基层党支部、市农村基层组织党风廉政建设先进村、市农村基层党校建设先进村等荣誉称号。

图 12-9　化山村连锁超市

第十三章

结　语

　　中国基本国情之一是农民收入水平普遍偏低。提高农民收入水平，仍是中国当前及今后相当长时期内经济发展的重任。如何提高农民收入水平？多年来理论界与实践界的各类仁人志士在不断追寻和探讨。河南西峡县双龙镇化山村以旅游服务业为主导，从1996年前的"贫困村""光棍村"发展到现在的"小康村""新农村示范村"，从贫困走向了富裕，从封闭走向了开放，农民的收入水平和生活水平得到了极大提高，村容村貌焕然一新。化山村的发展变化给出了一条山区农村走向富裕文明的新思路，即：立足村情，以第三产业旅游服务业为主导，在优化产业结构的同时带动经济社会全面发展，这就是化山村的理论意义和实践意义所在。虽然化山村有自己的特殊性，但是，它也具有一般山区农村所具有的普遍性。因此，它具有相当的典型意义。

　　课题组在整理调研数据等资料的基础上，对化山村村情概况，人口与就业，农户财产拥有与生活状况，教育、医疗与社会保障，农民收支情况，生产型固定资产拥有与折旧情况，农户的金融状况，土地承包经营情况，农业生产经营情况，参加政治活动和社会活动情况十个方面做了分析描述，提出了相应的对策建议，总结出了化山村发展的经验。

从调研结果看，在产业结构上，化山村经济发展以旅游业等第三产业为主，其次为第一产业和第二产业；在就业结构上，村民就业以住宿餐饮批发零售等服务业等第三产业为主，其次为第一产业和第二产业；在收入上，化山村农户家庭收入来源以住宿餐饮批发零售等服务业为主，其次为第一产业，香菇与猕猴桃种植在第一产业收入中所占比重较大，农户家庭收入水平普遍较高，但村民收入差距较大；在支出上，化山村农户家庭支出以农家宾馆等家庭经营类旅游服务业为主。在农户财产与生活水平上，农户财产主要是以家庭宾馆等房屋为主的固定资产，农户生活水平普遍较高，电话和彩色电视机入户率近100%；在教育、医疗与社会保障上，适龄儿童100%入学，新农合参加率为100%，新农保参加率为59%；在农业生产经营上，由于化山村人均耕地面积少，耕地多属旱地，粮食农作物生产水平很低，收益差，农业种植业从业人口较少，种植有着较高收益的香菇与猕猴桃的农户开始增多；在金融状况上，化山村举债农户与存款农户数目均占抽样有效样本的50%，举债农户主要目的为旅游服务业类家庭经营需要，借款主要来源为亲友，其次为农村信用社，农村信用社与化山村农户信贷关系最为密切，对于邮政储蓄，化山村农户更倾向于存款，而商业银行，无论存贷，对农户吸引力都不大。鉴于化山村还没有一家正规金融机构，建议设立一家邮政储蓄网点，既可方便村民与游客存取，又可方便村民和游客邮寄物品，有利于扩大香菇和猕猴桃等特色农产品销售量，提高农民收入水平。在土地承包经营上，化山村户均耕地承包面积较小，土地流转率也很低；在参加政治活动与社会活动上，化山村农户积极参与村委会选举，热情高涨，但在参与农民经济组织与社会团体上，农户整体参与率较低，有待提高。

总的来看，化山村经济的快速发展与旅游业密切相关，化山村村民的生产经营、就业与收入均与旅游业密不可分。化山村从实际出发，立足村情，依托村中以"中原第一瀑布群、天然奇石博物馆"著称的龙潭沟景区这一旅游资源优势，以旅游服务业为主导，带动了住宿餐饮业、批发零售业、交通业、居民服务业等第三产业的快速发展，扩大了当地特色农业香菇与猕猴桃等种植业的种植规模，优化了化山村三次产业结构与农业种植业结构，改善了村内路、水、电、通信、绿化、亮化、文化等公共配套基础设施，提高了村民的收入水平和生活水平，带动了化山村经济社会全面发展，引领村民走向了富裕文明的康庄大道。

化山村以第三产业旅游业为主导，优化了产业结构，带动了经济社会全面发展。化山村在取得巨大发展成就的同时，也存在一些问题。例如，在调研中，我们发现，在旅游业带动下，虽然化山村村民整体收入水平和生活水平获得了极大提高，但仍有少部分村民家庭人均年收入不足千元，依然生活在贫困线以下。究其贫困原因，主要是家庭成员老弱病残，缺乏劳动力，家庭收入以种植业为主。当地政府也对这些贫困户给予了适当救济，但有限的救济还是难以使这些村民摆脱贫困。如何让这部分村民脱贫致富？另外，随着游客数目的增多，不断有大规模社会资本加入化山村宾馆住宿餐饮行业中，这虽然有利于化山村旅游业扩大规模，提高管理水平，但对村民农家宾馆构成了有力的竞争，在一定程度上影响了村民的收入，引发了一些村民的担忧。如何协调好外来社会大资本与村民小资金之间的利益关系，促进化山村持续健康发展？此外，化山村村民家庭经营所需借贷资金主要来自亲友，从农村信用社等金融机构贷款比较困难，进一步发展受到限制。如何解决农民融资难的问题？这些都是我们需要进一步研究和探讨的问题。

附录一

中国社会科学院国情调研项目：村庄调查

行 政 村 调 查 表

（调查年度：2010 年）

信息库（村）编号：_____

_____省（自治区、直辖市）　代码____
_____地（市）　　　　　　　代码____
_____县（区、市）　　　　　代码____
_____乡（镇、街道）
_____村（居委会）
邮址编码：_____
联 系 人：_____，联系电话：_____
调 查 人：_____，调查日期：_____

制表单位：中国社会科学院农村发展研究所

说　明

中国社会科学院是中国哲学社会科学研究的最高学术机构和综合研究中心，研究成果对政府政策的制定与执行有着重要影响。中国社会科学院国情调研是国家财政全额拨款支持的大型调研项目，通过调查全面翔实地掌握经济社会运行状况，推动研究深入发展，以更好地完成政府智囊团作用。村庄调查是在国情调研总体框架下展开，着眼于对农村基层经济社会状况的了解。调查获得的所有资料仅用于学术研究，不做任何商业应用，不以任何形式传播个人信息和隐私，特此申明。

F1　基本特征

村地理信息
地貌特征：1. 平原　2. 丘陵　3. 山区
　　　　　4. 半山半川
年降水：_____毫米
最近的车站、码头：_____公里
（有定时经过或经常经过的客运车上车地点也算）
离县城的距离：_____公里
离乡镇的距离：_____公里

社区基本信息
是否政府确定的贫困村
1. 否　2. 省定或以上　3. 省以下
是否少数民族聚居村：
1. 是　2. 否
是否得过县以上得表彰：
1. 是　2. 否

近5年村庄合并情况
是否有村庄合并情况：1. 有　2. 无；　　几个村合并_____个
合并中有无整村搬迁情况？1 有　2 无；　　搬迁几个村_____个

F2　土地情况

1. 耕地和征地情况
全村土地总面积：_____亩
耕地面积：_____亩
灌溉水田：_____亩
望天田：_____亩
水浇地：_____亩
旱　地：_____亩
菜　地：_____亩

承包地面积____亩，自留地面积____亩
出租地面积（村集体直接承包出租给单位或非本村农户）：_____亩
全年国家征用耕地面积：_____亩
涉及农户数____户，人口数____人

2. 其他农业用地面积
园地面积：_____亩
桑园：_____亩
果园：_____亩
其他：_____亩
林地面积：_____亩
有林地：_____亩
灌木林：_____亩
疏林地：_____亩
苗　圃：_____亩
牧草地面积：_____亩
其他农用地：_____亩
畜禽集中饲养地：_____亩
养殖水面：_____亩

3. 其他用地情况
居民点：_____亩　　居住区空闲地：_____亩　　非养殖水域面积：_____亩
工矿用地：_____亩　　交通用地：_____亩　　商业设施用地：_____亩
荒地（未承包三荒地）：_____亩　　其他用地：_____亩
乡村公共设施用地（集体设施占地）：_____亩

4. 土地承包情况

口粮田：____亩	包5亩及以下耕地：____户，合计亩数____亩	第一轮承包期土地调整次数（　） 面积____亩
责任田：____亩	包6—10亩耕地：____户，合计亩数____亩	
机动田：____亩	包11—20亩耕地：____户，合计亩数____亩	第二轮承包期土地调整次数（　） 面积____亩
山林：____亩	包21—40亩耕地：____户，合计亩数____亩	
其他：____亩	包41亩及以上耕地：____户，合计亩数____亩	

5. 耕地种植情况
全村闲置、抛荒耕地面积（不包括季节性闲置、抛荒）大约有_____亩。
　　抛荒的主要原因（可复选，按重要性排序）：_____
　　　（1）没有劳动力　（2）劳动力外出　（3）产出太低　（4）成本太高　（5）其他原因_____
当年租出、包出、转出耕地的农户大约有____户，流转耕地总面积大约____亩，流转土地的租金____元/亩
根据您村自然条件和机械化水平，一个劳动力可最大耕作面积____亩

F3 经济活动情况

概况：
全村生产总值____万元；全村工商税收总额____万元
全村三次产业生产总值：一产____万元；二产____万元；三产____万元

非农业经济活动情况
乡镇企业
纯集体或集体股份超过51%的：企业数____，产值____。
非集体企业：企业数____，产值____。
乡镇企业职工总数____人，其中：来自本村____人；外来职工____。
以产值计，本村企业主要从事的行业是____、____、____。
个体工商户及私有企业：企业数____户，产值____万元

各类专业合作经济组织（合作社）情况

名称	成立时间	成立时户数	目前户数	业务范围	合作社总购进额	合作社总销售额	上年分红总额	合作社总资产
1.								
2.								
3.								
4.								
5.								
6.								
7.								

主要作物种植情况

主要种植作物	当年种植面积（亩）	亩均劳动投入（人日/亩）	亩均其他投入（元/亩）	单产（公斤/亩）	当年市场均价（元/公斤）	耕作周期（起止时间）
1.						
2.						
3.						
4.						
5.						
6.						

F4　社区基础设施与社会服务供给情况

1. 道路交通情况

进出村主道路类型：1. 水泥　2. 柏油　3. 沙石　4. 砖、石板　5. 其他，路宽____米
村内主要路面类型：1. 水泥　2. 柏油　3. 沙石　4. 砖、石板　5. 其他
村里铺装道路　____公里，路宽____米
村内可行车道路　____公里，路宽____米
村内主要道路是否有路灯：1. 是　2. 否

2. 生活设施

电　力：使用户数____或比例____；单价：____元/度，当年停电时间____天
电　话：使用户数____或比例____
自来水：使用户数____或比例____；单价：____元/吨，当年停水时间____天
饮用水主要水源：1. 自来水　2. 江河湖水　3. 池塘水　4. 雨水　5. 浅井水
　　　　　　　6. 深井水　7. 其他水
饮用水是否经过集中净化处理：1. 是　2. 否
垃圾是否集中堆放：　　　　　1. 是　2. 否
有无公共污水排放管道：　　　1. 有　2. 无
沼气池　____个　　　　　　农户水窖　____个

3. 广播电视情况

有线广播：1. 有　2. 无
有线电视：使用户数____或比例____；卫星电视：使用户数____或比例____
彩色电视：使用户数____或比例____，黑白电视：使用户数____或比例____

4. 住房情况

砖瓦房户数____或比例____
人均住房面积（除生产用房）____平方米
平均每户宅基地面积　　　　　____亩
全村半年以上空置的宅院数　　____个
全村一年以上空置的宅院数　　____个
房屋出租户　　　　　　　　　____户
平均房租（每10平方米折算，租不出去为0）
　　　　　　　　　　　　　　____元

5. 学校

幼儿园、托儿所　　　　　　　____个
本村有小学　　　　　　　　　____所
最近的小学（本村为0）　　　 ____公里
最近的初中　　　　　　　　　____公里
最近的高中　　　　　　　　　____公里

6. 妇幼、医疗保健设施

卫生室　　　　　　　　　　　____个
药店（铺）　　　　　　　　　____个
全村医生人数　　　　　　　　____人
其中有行医资格证书　　　　　____人
全村接生员人数　　　　　　　____人
其中有行医资格证书　　　　　____人
最近的医院、卫生院　　　　　____公里
当年0—5岁儿童死亡人数　　　 ____人
当年孕产妇死亡人数　　　　　____人
敬老院、老年活动中心　　　　____个

7. 其他文化体育设施、活动

图书室、文化站　　　____个
体育健身场所　　　　____个
是否有老年协会、秧歌队等社团：
　　1. 是　2. 否
参加人数____人
各类志愿者组织　____个，人数____人
是否定期为村民放电影：1. 是　2. 否

8. 农田水利设施

灌溉主要水源：1. 地表水　　2. 地下水
在正常年景下水源是否有保障：
　　1. 是　2. 否
机电井　　____个
蓄水池　　____个
集体集雨窖　____个
排灌站　　____个
水渠长度　____米

F5　金融与民间信贷　　　　　　　　　　（单位：万元）

1. 集体负债
总额 ____
欠银行____，年利率____
欠农户____，年利率____
欠教师____
欠上级政府____
欠商户____，年利率____

2. 集体债权
总额 ____
农户欠____
商户欠____
上级政府欠____

F6　政治状况

1. 党员基本情况（单位：人）
党员数量____，其中：50 岁以上____；男 ____，女 ____；
　　　　　　　小学____，初中____，高中____，大专及以上____

2. 党支部基本情况

	性别	年龄	文化程度	党龄	工资或补贴（年）		家庭收入	是否交叉任职	性别选项：1. 男　2. 女 文化程度选项： 1. 文盲　2. 小学　3. 初中 4. 高中　5. 中专　6. 大专及以上 补贴来源选项： 1. 乡镇　2. 村集体 3. 其他 政治面貌选项： 1. 共产党员　2. 民主党派 3. 群众 是否交叉任职选项： 1. 是　2. 否
					水平	来源			
书记									
副书记									
副书记									
委员									
委员									
委员									

3. 村委会基本情况

	性别	年龄	文化程度	政治面貌	工资或补贴（年）		家庭收入	是否交叉任职
					水平	来源		
主任								
副主任								
秘书（文书）								
会计								
妇女主任								

4. 村委会选举情况

年份	有选举权人数	实际参选人数	村主任得票数	是否设有秘密划票间	书记与主任是否一肩挑	是否搞大会唱票选举	是否有民主理财小组	投票是否发钱	是否流动投票

注：填写最近三届的情况。

F7　文化、教育、科技情况

1. 学校情况

本村是否有小学：1. 是　2. 否

如有，教职工人数____人，其中：公办教师____人，民办教师____人

	公办教师	民办教师	本村适龄（小学）儿童
本科			人数____人，其中：男____人，女____人
大专			在校学生人数____人，其中：男____人，女____人
中专			在外地上学人数____人
高中			辍学儿童人数____人，其中：男____人，女____人
初中			
小学			

2. 农业技术与生产方式

农业技术人员数量（获得县以上证书者，不包括企事业从业人员）

初级____人，中级____人，高级____人

当年本村是否举办过农业技术讲座：1 是　2 否　举办了____次

F8　社会稳定情况

	刑事案件数量	判刑人数	接受治安处罚人次	违反计生户数	上访人次
2009 年					
2010 年					

本村主要社会治安问题：_____，_____，_____

F9　宗教信仰情况

地方主要宗教信仰____
具有宗教信仰群众数量____或比例____
本村是否有教堂、寺庙等宗教活动场所和设施：
　1. 是　2. 否
如有教堂、寺庙等，建设与维护费用主要来源
_____，_____，_____

地方主要宗教信仰类型：
　1. 佛教　2. 伊斯兰教
　3. 基督教　4. 道教
　5. 其他宗教　6. 无

建设与维护费用来源选项：
　1. 群众集资　2. 提供收费服务
　3. 其他

F10　村财务状况　　　　　　　　　　　　　　　　　　单位：元

	2009 年	2010 年		2009 年	2010 年
村财务收入			村财务支出		
上级补助			村干部工资		
村集体企业			组干部工资		
发包机动地收入			水电等办公费		
发包荒山、坡地收入			招待费		
发包林地收入			订报刊费		
发包水面收入			五保户生活费		
店面等房产租金			军烈属优抚		
积累工、义务工折价款			修建学校		
修建学校集资			教师工资		
修建道路集资			修建道路		
修建水利集资			修建水利		
其他集资			垫交税费		
计划生育罚款（返还）			偿还债务及利息支付		
一事一议			困难户补助费		
其他收入（下行填明细）			其他支出（下行填明细）		

F11　近年公共事务开展与农民集资情况

1. 近年公共品建设与投资情况

项目名称（单位）		2009 年				2010 年			
		数量	投资（万元）			数量	投资（万元）		
			农民集资	村集体投资	上级政府拨款		农民集资	村集体投资	上级政府拨款
修建学校	（平方米）								
教师工资与补助	（元）								
修建道路	（公里）								
修理水利	（处）								
乡村政权建设/村公所	（处）								

2. 一事一议开展情况

	2009 年	2010 年
筹资筹劳事项		
户均筹资金额		
户均筹劳数量		
出资出劳户数		
政府补助		
补助现金		
物资折合现金		
通过方式		

筹资筹劳事项类型：
1. 村内小型农田水利基本建设
2. 道路修建
3. 植树造林
4. 其他集体生产生活及公益事业项目

政府资金补助选项：1. 是　2. 否

通过方式选项：
1. 村民会议或村民代表会议讨论
2. 党支部或村委会决定
3. 其他

F12　农村社会保障情况

当年获得国家救助总额　　____万元
　其中灾害救助　　____万元
参加新型合作医疗户数　　____户，____人，缴费金额____元/人年
　其中接受医疗救助　　____户，____人
参加社会养老保险的户数　　____户，____人
参加商业养老保险的户数　　____户，____人
享受最低生活保障户数　　____户，____人　平均保障标准____元/人年（含实物折现）
特困户户数　　____户，____元/户
五保户数 ____户，其中：
　集中供养____户，供养标准____元/年（含实物折价），其中需要村里出资____元
　分散供养____户，供养标准____元/年（含实物折价），其中需要村里出资____元
享受计划生育养老补助的户数　____户，____人　补助标准____元/人年
享受村级养老补助的户数　　____户，____人　补助标准____元/人年（含实物折现）

F13　人口就业情况

当年年末，全村共有____户，____人；外来户____户，____人
全村共有劳动力____人，其中：男____人；女____人
当年全村外出务工经商总人口　____人
　其中：全年在外半年以上的人口　____人，短期在外不足三个月的人口　____人
　　　　户籍迁出的人数　____人
当年有外出务工经商人口的农户　____户
　其中：举家外出的农户　____户，仅劳动力外出的农户　____户
外出务工经商人员主要从事的工作 _____
　所属行业类别____（由调查员填写）
　　（1）农作物种植业　（2）林业　（3）畜牧业　（4）渔业　（5）农林牧渔服务业
　　（6）采矿业　（7）制造业　（8）电力、燃气、水生产及供应业　（9）建筑业
　　（10）交通运输、仓储和邮政业　（11）批发零售业　（12）住宿餐饮业
　　（13）居民服务业（14）其他服务业　（15）其他行业
定期回家从事农业生产外出人员数量　____人
村民外出务工经商的主要途径：
　　（1）亲朋好友　（2）地方政府（3）工厂招工　（4）中介组织　（5）自己找
　　（6）其他（请注明）_____

附录二

中国社会科学院国情调研项目：村庄调查

行政村入户调查表

（调查年度：2010 年）

信息库（户）编号：_____
所属村信息库编号：_____
所属村民小组：_____

户主姓名：_____
在本村居住时间：1. 1年以下 2. 1—5年 3. 5年以上
家庭人口数量____人，常住人口数量____人，户籍人口数量____人
所属分组（收入）：1. 高收入 2. 中等收入 3. 低收入

调查员签名：_____　　调查日期：_____
复查员签名：_____　　复查日期：_____

制表单位：中国社会科学院农村发展研究所

说　明

　　中国社会科学院是中国哲学社会科学研究的最高学术机构和综合研究中心，研究成果对政府政策的制定与执行有着重要影响。中国社会科学院国情调研是国家财政全额拨款支持的大型调研项目，通过调查全面翔实地掌握经济社会运行状况，推动研究深入发展，以更好地完成政府智囊团作用。村庄调查是在国情调研总体框架下展开，着眼于对农村基层经济社会状况的了解。调查获得的所有资料仅用于学术研究，不做任何商业应用，不以任何形式传播个人信息和隐私，特此申明。

F1 人口与就业信息 （本户共____张，本表第____张）

H3 与户主关系 1. 户主　2. 配偶　3. 子女 4. 父母　5. 祖父母 6. 孙子女　7. 兄弟姐妹 8. 媳妇女婿　9. 其他	H1　成员编号　　（子女按长幼顺序）				
	H2　姓名				
	H3　与户主关系（按左侧 H3 分类填写）				
	H4　是否答卷人：　　1. 是　2. 否				
	H5　性别：　　　　　1. 男　2. 女				
H9 健康状况 1. 健康　2. 患病有劳动能力 3. 患病无劳动能力	H6　年龄　　　　　　（周岁）				
	H7　婚姻状况：1. 已婚　2. 未婚　3. 丧偶 　　　　　　　4. 分居　5. 离婚				
H10 宗教信仰 1. 佛教　2. 道教 3. 伊斯兰（回）教 4. 基督教　5. 天主教 6. 喇嘛教　7. 其他宗教 8. 无宗教信仰	H8　民族：　　　1. 汉族　2. 其他				
	H9　健康状况（按左侧 H9 分类填写）				
	H10　宗教信仰（按左侧 H10 分类填写）				
	H11　是否在校学生：　1. 是　2. 否				
	H11-1　学习阶段　　（在校者填写） 　　　（按左侧 H11 分类填写）				
H11 受教育程度 1. 未上学　2. 未上学可读写 3. 小学　4. 初中　5. 高中 6. 中专　7. 职高 8. 大专及以上	H11-2　学习地点（按左侧 H14 分类填写）				
	H11-3　教育年支出　　　　（元）				
	H12　受教育程度　（非在校者填写） 　　　（按左侧 H11 分类填写）				
	H13　当年在本地居住时间　（月）				
H14 地点分类 1. 在本村　2. 村外乡内 3. 乡外县内　4. 县外省内 外省：填省码 港澳台：　填 5 国外：　　填 6 户籍待定：填 9	H14　户籍所在地（按左侧 H14 分类填写）				
	H15　当年在本户从事农业时间　（月）				
	H15-1　从事的主要农业行业（按左侧 H15 分类填写）				
	H16　当年在本户外从事农业时间　（天）				
H15 行业分类 1. 农作物种植业 2. 林业　3. 畜牧业　4. 渔业 5. 农林牧渔服务业 6. 采矿业　7. 制造业 8. 电力、燃气、水生产及供应业 9. 建筑业 10. 交通运输、仓储和邮政业 11. 批发零售业 12. 住宿餐饮业 13. 居民服务业 14. 其他服务业 15. 其他行业	H16-1　从事的主要行业（按左侧 H15 分类填写）				
	H16-2　主要从业地点 　　　　（按左侧 H14 分类填写）				
	H16-3　主要就业方式： 　　　　1. 自营　2. 打工　3. 雇主				
	H17　当年实际从事非农业时间　（天）				
	H17-1　从事的主要行业（按左侧 H15 分类填写）				
	H17-2　主要从业地点（按左侧 H14 分类填写）				
H17-3 主要就业方式 1. 自营　2. 打零工　3. 长期雇工 4. 雇主　5. 家庭帮工 6. 公职　7. 其他	H17-3　主要就业方式（按左侧 H17-3 分类填写）				
	H17-4　全年总收入　　　　（元）				
	H18　如打工，日均工作时间　（小时）				
	H19　如打工，主要途径：1. 依靠自己 　2. 亲友介绍　3. 中介机构　4. 政府社区				
H21 政治面貌及在本村职务 1. 村干部　2. 党员 3. 村干部和党员　4. 普通村民 5. 其他	H20　全年赋闲时间　　　　（天）				
	H21　政治面貌及在本村职务（按左侧 H21 分类填写）				

F2　农户财产拥有与生活质量状况

1. 2010年年末本户房屋与居住情况

拥有几处房屋　____处，建筑面积____平方米
　　其中：在村外____，建筑面积____平方米
　　　　　生活性____，建筑面积____平方米
　　　　　生产性____，建筑面积____平方米
宅基地总面积____平方米
拥有房屋估计现值____万元
　　其中：生活性____万元，生产性____万元
价值最高的一处房屋的建筑时间　____年
　　是否在本村：1. 是　2. 否
　　建筑面积____平方米
　　房屋类型：1. 平房　2. 楼房　3. 土窑洞
　　　　　　　4. 砖窑洞　5. 其他
　　房屋结构：1. 钢筋混凝土　2. 砖（石）木
　　　　　　　3. 竹草土坯结构　4. 砖混　5. 其他
　　建造费用____元
　　　其中：借款____元，资助____元
去年新（购）建房屋与房屋维修支出____元
　　其中：新（购）建房屋支出____元
　　　　　房屋维修支出____元

存在出租或租入房屋的情况继续填写

出租房屋　　　　　　　　　　　　____处
　　其中：在村外有　　　　　　　____处
　　出租房建筑面积　　　　　　　____平方米
　　出租房年收入　　　　　　　　____元
租入房屋　　　　　　　　　　　　____处
　　其中：在村外有　　　　　　　____处
　　租入房总建筑面积　　　　　　____平方米
　　房屋类型：1. 平房　2. 楼房　3. 土窑洞
　　　　　　　4. 砖窑洞　5. 其他
　　房屋结构：1. 钢筋混凝土　2. 砖（石）木
　　　　　　　3. 竹草土坯结构　4. 砖混　5. 其他
　　租入房年支出　　　　　　　　____元

2. 耐用消费品拥有情况

彩色电视机____台	冰箱____台	电脑____台	自行车____辆
黑白电视机____台	洗衣机____台	是否能上网：	其他（单位）：
影碟机____台	缝纫机____台	1. 是　2. 否	____（　　）
收录机____台	固定电话____部	小汽车____辆	____（　　）
空调____台	手机____部	摩托车____辆	

3. 饮用水情况

是否接有入户管道水（自来水）：1. 是　2. 否
非管道水获取距离：　　____公里
当年是否存在饮水困难：1. 是　2. 否
　若"是"，主要原因是：_____
饮用水主要来源：1. 自来水　2. 江河湖水　3. 池塘水
4. 雨水　5. 浅井水　6. 深井水　7. 其他水

4. 炊事用主要能源：主要____，其次____
　1. 煤　2. 柴草　3. 煤气、天然气　4. 沼气
　5. 电　6. 太阳能　7. 其他
煤气、天然气获取距离：　　____公里
柴草获取距离：　　　　　　____公里

5. 其他生活设施

调温（取暖）设施：1. 火炕　2. 空调　3. 炉子
　　　　　　　　　4. 暖气　5. 无　6. 其他
家庭厕所类型：1. 旱厕　2. 水冲式　3. 无
　位置：1. 室内　2. 院内　3. 院外
粪便处理：1. 管道排放，集中处理　2. 沼气池
　　　　　3. 化粪池　4. 农家积肥　5. 无处理

6. 文化生活情况

是否购买订阅报纸杂志：1. 是　2. 否；若"是"，当年订阅或购买报纸杂志总支出是：____元
是否购买书籍（非子女学习用）：1. 是　2. 否；若"是"，当年购买书籍总支出是：____元
是否有固定途径借阅书刊：1. 是　2. 否；若"是"，在哪里借阅：1.____　2.____

F3 教育、医疗及社会保障状况

1. 子女教育情况

(1) 是否曾多次为子女上学借钱：1. 是 2. 否 如果是，2010 年共借_____元 主要向谁借（最多可填三项）：_____ 1. 亲戚朋友 2. 民间有息借贷 3. 各类商业银行 4. 农信社 5. 其他（请注明）：_____	辍学类型： 1. 适龄未上学且不打算上学 2. 小学未毕业 3. 初中未毕业（含考取未上） 4. 高中未毕业（含考取未上） 5. 大专及以上未毕业（含考取未上） 6. 其他 辍学原因（可多选）： 1. 家庭经济困难 2. 孩子不愿学 3. 家中劳力不足 4. 学校太远 5. 读书没有什么用 6. 觉得升学无望 7. 其他（请注明）_____
(2) 辍学（含退学、失学、休学）情况	
成员编号（见成员表）	
辍学时间（年份）	
辍学类型（见右侧）	
辍学原因（见右侧）	

2. 医疗卫生情况

(1) 一般情况
　家中患慢性病的人数　　　　　　　　　___人
　当年家庭成员接受常规体检的数量　　　___人次
　正常情况下年均医疗支出　　　　　　　___元
　儿童是否正常接种疫苗、打预防针：1. 是 2. 否
　　如选"是"，原因是：1. 没钱 2. 不知道什么时候需要 3. 没有地方接种（打） 4. 觉得不需要
　　　　　　　　　　　5. 子女年龄大了 6. 没有子女 7. 其他（请注明）_____

(2) 近五年家庭成员患大病住院的情况（可一人多次）

成员编号（见成员表）				在哪里治疗： 1. 在家未治疗 2. 自我治疗 3. 村卫生室 4. 乡镇卫生院 5. 县医院 6. 省内县级以上医院 7. 国内省外医院 8. 国外医院 治疗结果： 1. 痊愈 2. 没变化 3. 好转 4. 恶化 5. 死亡 6. 其他 未治疗原因： 1. 没钱 2. 觉得治不好，怕白花钱 3. 觉得不严重 4. 交通不便利 5. 其他
患病类型				
在哪里治疗　（见右侧）				
如住院，时间（天）				
治疗结果（见右侧）				
治疗总支出（元）				
其中：借款（元）				
新农合报销（元）				
如未治疗，原因				

3. 社会保障与社会救助情况

参加农村社会养老保险人数　___人
参加新型农村合作医疗人数　___人；如有未参加新农合的，原因主要是：_____
本户享受医疗救助人数　___人
参加城镇基本养老保险人数　___人　　得到集体养老金人数___人
本户领取最低生活保障金　___人；共领取金额_____元/月
若是五保户：1. 集中供养 2. 分散供养
得到其他救济救助：_____元
得到扶贫资金或物资（折现）：_____元
从集体得到收入或补贴：_____元
享受计划生育养老补助：_____元

F4 农户收入和支出情况（2010 年）　　　　　　　单位：元

1. 全年总收入 ____

（1）家庭经营收入 ____
　　第一产业收入 ____
　　　　农作物种植业收入 ____，林业收入 ____，畜牧业收入 ____
　　　　渔业收入 ____，农林牧渔业服务收入 ____
　　第二产业收入 ____，其中，工业收入 ____，建筑业收入 ____
　　第三产业收入 ____，其中，运输业收入 ____

（2）工资性收入　　　　　　　　　　　　　（4）转移性收入
　　在本乡地域劳动收入　　　　____　　　　家庭非常住人口带回和寄回 ____
　　　　在企业中劳动的收入　　____　　　　亲友赠送 ____，救济金 ____
　　　　提供其他劳务收入　　　____　　　　救灾款 ____，保险年金 ____
　　外出从业所得收入　　　　　____　　　　退休金 ____，抚恤金 ____
　　　　在非企业组织中劳动的收入 ____　　　种粮补贴 ____，良种补贴 ____
（3）财产性收入　　　　　　　　　　　　　　农机补贴 ____，农资补贴 ____
　　租金 ____，利息 ____　　　　　　　　其他（项目 ____）补贴 ____
　　股息 ____，红利 ____
　　土地征用补偿 ____

2. 家庭生产经营费用支出 ____，其中：能源支出 ____　　（注：不包括固定资产折旧）

（1）第一产业生产费用支出 ____
　　其中：农业生产费用支出　　　____，　　林业生产费用支出　　____
　　　　　牧业生产费用支出　　　____，　　渔业生产费用支出　　____
　　　　　农林牧渔业服务支出　　____
（2）第二产业生产费用支出 ____
（3）第三产业费用支出 ____

3. 生活消费支出 ____

（1）食品消费总支出 ____ 元
　　其中：谷物消费数量 ____ 公斤，金额 ____ 元；薯类消费数量 ____ 公斤，金额 ____ 元
　　　　　豆类消费数量 ____ 公斤，金额 ____ 元；肉类消费数量 ____ 公斤，金额 ____ 元
　　　　　蛋类消费数量 ____ 公斤，金额 ____ 元；奶类消费数量 ____ 公斤，金额 ____ 元
　　　　　蔬菜消费数量 ____ 公斤，金额 ____ 元；水果消费数量 ____ 公斤，金额 ____ 元
　　　　　食用油消费数量 ____ 公斤，金额 ____ 元；在外饮食支出 ____ 元
　　　　　烟酒消费支出 ____ 元；其他支出 ____ 元
（2）衣着消费支出　　　　　　　____ 元　（3）交通通信消费支出 ____ 元
（4）医疗保健消费支出　　　　　____ 元　（5）家庭设备/用品消费支出 ____ 元
（6）文化教育/娱乐消费支出　　 ____ 元　（7）服务消费支出 ____ 元
（8）水费支出　　　　　　　　　____ 元　（9）其他商品 ____ 元

4. 生活用能源消费支出

生活用电数量 ____ 度，金额 ____ 元　　　　生活用汽油品数量 ____ 升，金额 ____ 元
生活用煤及煤制品数量 ____ 公斤，金额 ____ 元　生活用柴油品数量 ____ 升，金额 ____ 元
生活用煤气、液化气、天然气数量　　　　　　　生活用柴草消费数量
　　　　　　　　立方米，金额 ____ 元　　　　　　　　　　____ 公斤，金额 ____ 元

5. 其他支出

财产性支出 ____ 元，转移性支出 ____ 元

注：收入和支出分别都包括（自用的）实物折价。

F5　生产性固定资产拥有与折旧情况

名称	单位	数量	本户拥有情况（%）	购置年份	购买价格（元）	本户使用比重（%）	对外提供服务收入（元）	租借设备收入（元）
汽车	辆							
大中型拖拉机	台							
小型拖拉机	台							
农用运输车	辆							
机动三轮车	辆							
非机动三轮车、手推车、胶轮大车	辆							
机动船	艘							
非机动船	艘							
工业机械	台/套							
农产品加工机械	台/套							
建筑业机械	台/套							
商业、饮食业机械设备	台/套							
井/机井	口							
联合收割机	台							
机动脱粒机	台							
播种机、插秧机	台							
排灌动力机械	台							
节水灌溉机械	套							
旋耕机	台							
挤奶机	台							
机动剪毛机	台							
孵化设备	套							
其他	台/套							

注：1. 本户拥有情况单位：默认 100；2. 购置年份：如当年购置需填写月份；3. 本户使用比重：为本户生产经营活动或其他非生产性活动提供服务，且未计价的使用时间（量）占资产当年使用总时间（量）的比重；4. 对外提供服务收入：由本户使用资产对外提供服务获得收入；5. 租借设备收入：将资产使用权承包、出租或转让出去获得的收入。

F6　农户的金融状况

1. 基本情况

负债

　总额　　　　　＿＿＿元

　欠集体　　　　＿＿＿元

　欠亲友　　　　＿＿＿元

　　是否有利息：1. 是　2. 否

　欠银行、信用社　＿＿＿元

　欠民间借贷　　＿＿＿元

　　利息　　　　＿＿＿分＿＿＿厘

　赊购欠款　　　＿＿＿元

债权

　亲友欠　　　　＿＿＿元

　　是否有利息：1. 是　2. 否

　放高利贷　　　＿＿＿元

　　利息　　　　＿＿＿分＿＿＿厘

　赊销债权　　　＿＿＿元

　集体、政府欠款　＿＿＿元

2. 借钱主要目的：主要＿＿＿，次要＿＿＿

　1. 日常生活开支　2. 看病　3. 子女上学　4. 盖房

　5. 生产设施购置　6. 技术培训　7. 婚嫁　8. 丧葬

　9. 其他

3. 2009 年和 2010 年两年间与正规金融机构之间的信贷关系

存款

　主要存入金融机构（可复选）：1. 信用社

　　　　　2. 邮政储蓄　3. 商业银行　4. 其他

　累计存款额：　＿＿＿元

贷款

　主要贷款金融机构（可复选）：1. 信用社

　　　　　2. 商业银行　3. 其他

　贷款次数：＿＿＿次，累计贷款额：＿＿＿元

　其中：到期未还贷款＿＿＿次，累计＿＿＿元

　　　　已还贷款　　＿＿＿次，累计＿＿＿元

　主要担保形式：1. 资产抵押　2. 存折抵押

　　3. 村集体担保　4. 亲友担保　5. 协会　6. 其他

　最多一次借款金额＿＿＿元，借款利率＿＿＿

　贷款是否曾被挪作非申请用途：1. 是　2. 否

4. 2009 年和 2010 年两年间与民间金融组织（包括高利贷）之间的信贷关系

存款

　累计存款额：　＿＿＿元

　主要存入民间金融机构类型：1. 合会　2. 私人钱庄　3. 农村合作基金会　4. 银背（信用中介人）

　　　　　5. 信用合作组织、私人信贷机构　6. 其他

贷款或借款

　从哪类民间金融组织或机构取得过贷款：＿＿＿＿＿＿（可复选，选项同"民间金融机构类型"）

　贷款用途（参见以上借钱主要目的选项）：主要＿＿＿，其次＿＿＿

　从正规金融机构贷款次数　＿＿＿次，累计贷款额（元）：＿＿＿

　归还情况：1. 无拖欠，全部偿还　2. 有拖欠，全部偿还　3. 无拖欠，到期部分已偿还

　　　　　　4. 有拖欠，到期部分未还完　5. 有拖欠，到期部分全未还　6. 其他

　是否需要担保：1. 是　2. 否

　　如需要担保，主要担保形式：1. 资产抵押　2. 存折抵押　3. 村集体担保　4. 亲友担保

　　　　　　　　5. 协会　6. 其他

　最多一次借款金额＿＿＿元，借款利率＿＿＿

F7 土地承包经营和宅基地情况

1. 承包和经营的土地面积、来源和去向（2010年）

实际经营耕地面积　　　　　　　　　___亩

按来源去向分：

　　从户籍所在村集体或村民小组承包耕地　___亩

　　当前，共租入、包入、转入 ___亩，

　　　　其中：最早租（包、转）入时间：___年，最近的租（包、转）入时间：___年

　　　　来源：1. 本村农户 2. 本村亲友 3. 村集体 4. 异地亲友 5. 异地农户 6. 其他

　　　　原因：1. 劳动力多 2. 扩大生产规模 3. 亲友委托耕种 4. 其他

　　　　租金：1. 没有租金 2. 有租金（含实物），折合每亩___元 3. 其他

　　租出、包出、转出 ___亩，时间：___年

　　　　原因：1. 劳动力少，种不过来 2. 外出打工 3 转向农村非农领域就业 4. 土地的收入

　　　　　　　5. 服从乡村统一规划 6. 土地流转收益高于自己耕种收益 7. 其他

　　　　租金：1. 没有租金 2. 有租金（含实物），折合每亩___元 3. 其他

按构成分：

　　水田　　　　　　　　　　　___亩

　　水浇地　　　　　　　　　　___亩

　　旱田　　　　　　　　　　　___亩

实际经营的园地　　　___亩，从户籍所在村集体承包___亩

实际经营的林地　　　___亩，从户籍所在村集体承包___亩

实际经营的牧草地　　___亩，从户籍所在村集体承包___亩

实际经营的渔业养殖面积___亩，从户籍所在村集体承包___亩

2. 近五年承包地转变用途情况

转为非农业用地的耕地面积　___亩

　　其中：转为居住用地　　___亩

　　　　　转为工矿用地　　___亩

　　　　　转为交通用地　　___亩

转为非农业用地的园地、林地、牧草地、渔业养殖面积　___亩

3. 承包地征用情况

是否被征用过承包地：1. 是　2. 否

征地时间：___年，征地面积：___亩

征地实施过程中是否召开村民大会或村民代表大会：1. 是　2. 否

征地后如何补偿：1. 另外安置承包地　2. 另外安置部分承包地，发放部分补偿费　3. 完全发放补偿费

　　　　　　　　4. 不补偿　5. 不知道　6. 其他（请注明）_____

征地补偿方案是如何产生的：1. 征地计划部门制定　2. 乡镇（县）政府制定　3. 村委会讨论决定

　　　　　　　　　　　　　4. 村民（代表）大会决定　5. 不知道　6. 其他

您是否同意征地决定：1. 是　2. 否

您是否同意征地补偿方案：1. 是　2. 否

土地征收对家庭收入的影响：1. 基本没影响　2. 家庭收入减少了　3. 收入增加了

F8　农业生产经营情况

1. 农作物播种面积与产量

作物品种	上年（2009年）		当年（2010年）	
	播种面积（亩）	总产量（公斤）	播种面积（亩）	总产量（公斤）
品种：				
品种：				
品种：				
品种：				
品种：				

品种选项：1. 小麦　2. 水稻　3. 玉米　4. 土豆　5. 蔬菜　6. 水果/干果　7. 棉花　8. 油菜　9. 花生　10. 药材　11. 其他（填具体名称）

2. 农业设施的拥有情况

温室面积 ＿＿＿亩　　大棚面积 ＿＿＿亩
农业生产用房面积　　＿＿＿平方米
　其中：畜牧养殖用房　＿＿＿平方米　　渔业养殖用房　＿＿＿平方米

3. 雇用农业从业人员情况

雇用农业从业人员　　＿＿＿人
　其中：雇用6个月以上 ＿＿＿人，其中女工＿＿＿人；不满6个月雇工平均工作天数　＿＿＿天

4. 当年农业技术应用情况

在耕种面积中：机耕 ＿＿＿亩　　机电灌溉 ＿＿＿亩　　喷灌 ＿＿＿亩　　滴灌渗灌 ＿＿＿亩
在播种面积中：机播 ＿＿＿亩　　机收 ＿＿＿亩　　地膜覆盖 ＿＿＿亩　　中小棚覆盖 ＿＿＿亩
农药使用量 ＿＿＿公斤　　化肥使用量 ＿＿＿公斤

5. 当年年末畜禽存栏数量

奶牛	＿＿＿头	猪	＿＿＿头	蜂	＿＿＿箱
肉牛	＿＿＿头	能繁殖母猪	＿＿＿头	其他	
役用牛	＿＿＿头	山羊	＿＿＿只	品种＿＿＿，数量＿＿＿	
马	＿＿＿头	绵羊	＿＿＿只	品种＿＿＿，数量＿＿＿	
驴	＿＿＿头	兔	＿＿＿只	品种＿＿＿，数量＿＿＿	
骡子	＿＿＿头	鸡	＿＿＿只		
其他大牲畜	＿＿＿头	鸭	＿＿＿只		
其中：役用	＿＿＿头	鹅	＿＿＿只		

6. 粮食消费、库存与销售

品种	当年销量（公斤）	销售价格（元/公斤）	销售途径（见选项）	年末库存（公斤）
稻谷				
玉米				
小麦				
其他				

销售渠道选项：1. 合作组织统一销售　2. 商贩上门收购　3. 销售给企业　4. 销售给市场　5. 其他
口粮主要来源（复选）：1. 自给　2. 购买　3. 借入　4. 政府救济　5. 外出乞讨　6. 其他
种粮是否够吃：1. 有余　2. 不足　3. 正好
　种粮如不够吃，原因：1. 人多地少　2. 作物受灾　3. 生产非粮食作物　4. 用作饲料
　　　　　　　　　　5. 缺劳力，地种不了　6. 地转出去了　7. 其他

续表

7. 提供农林牧渔服务情况

是否向其他村民提供农林牧渔服务：1. 是　2. 否

其中：种植业服务收入____元　　林业服务收入____元

　　　畜牧业服务收入____元　　渔业服务收入____元

注：种植业服务包括农机作业、灌溉、病虫害防治、插秧、耕作、育苗、制种、农产品脱壳、晒干等；林业服务包括林木病、虫、兽害防治、林木嫁接等；畜牧业服务兽医、良种繁殖、孵化等；渔业服务包括鱼苗、鱼种、水产良种等。

8. 种植投入产出核算（亩均）

品种								
地形								
灌溉条件								
机械作业支出	机耕							
	机播							
	机收							
亩均劳动投入（人日）								
#雇工数量								
雇工工资（元/人日）								
种子（公斤）								
#自留								
购买支出（元）								
肥料支出								
农药支出								
其他支出								
亩产（公斤）								

品种：1. 小麦　2. 水稻　3. 玉米　4. 土豆　5. 蔬菜　6. 水果/干果　7. 棉花　8. 油菜　9. 花生　10. 药材　11. 其他（请注明）

地形：1. 平原　2. 山坡地　3. 其他（注明）

灌溉条件：1. 渠水　2. 井水　3＝1+2　4. 无

注：

1. 因种植条件、种植方式不同（如在不同的土地上种植、单独种植与兼种等）亩产差异较大、种植周期不同等情况，同一种作物也要分开填写。

2. 雇工数量包括换工。

F9　参加政治活动和社会活动的情况

1. 参加村民选举情况

是否参加过村委会选举：1. 是　2. 否

　如果没有，原因：1. 没什么必要　2. 没有时间　3. 在外地　4. 其他

参加并投票了继续填写

　您投票选举的人员是否当选：1. 是　2. 否

　您投票的依据是什么：1. 是否公正廉洁　2. 是否是亲友　3. 能否带领大家致富　4. 在村中的威信　5. 能否替村民说话　6. 没有其他候选人　7. 其他

2. 参加农民经济组织情况

是否参加了专业合作社：1. 是　2. 否

是否两个或两个以上专业合作组织的成员：1. 是　2. 否

是否参加了专业技术协会：1. 是　2. 否

是否两个或两个以上专业技术协会的成员：1. 是　2. 否

3. 参加社会团体情况

是否参加了任何种类的社会团体：1. 是　2. 否

如果是，社团的活动内容：1. 经济发展　2. 地方政治　3. 环境保护　4. 技术培训　5. 农民权益保护　6. 其他

致　　谢

在调研过程中,我们得到了中国社会科学院农村发展研究所领导、科研处和财务处等部门各位老师的大力支持,得到了河南省南阳市西峡县时任县委书记摆向阳、县长李德成、科技局局长陈国宏、双龙镇相关领导、化山村村支部书记符合顺等各级领导和有关人员的倾力协助,得到了化山村广大村民的热情帮助与积极配合。在此,我们向所有为本调研活动提供帮助和支持的人们深表谢意!